杜威《儿童与课程》研究

蒋雅俊 著

海峡出版发行集团 | 福建人民出版社
THE STRAITS PUBLISHING & DISTRIBUTING GROUP | FUJIAN PEOPLE'S PUBLISHING HOUSE

图书在版编目(CIP)数据

杜威《儿童与课程》研究/蒋雅俊著. --福州：福建人民出版社，2017.12（2024.6 重印）
ISBN 978-7-211-07889-9

Ⅰ.①杜…　Ⅱ.①蒋…　Ⅲ.①杜威（Dewey，John 1859－1952）－儿童教育－教育研究　Ⅳ.①G61

中国版本图书馆 CIP 数据核字（2017）第 323095 号

杜威《儿童与课程》研究
DUWEI《ERTONG YU KECHENG》YANJIU

作　　者：蒋雅俊
责任编辑：谢云英
出版发行：福建人民出版社　　**电　　话**：0591-87533169(发行部)
网　　址：http://www.fjpph.com　　**电子邮箱**：xyying2006@163.com
地　　址：福州市东水路 76 号　　**邮政编码**：350001
经　　销：福建新华发行（集团）有限责任公司
印　　刷：福建新华联合印务集团有限公司
地　　址：福州市晋安区福兴大道 42 号
电　　话：0591-88208420
开　　本：700 毫米×1000 毫米　1/16
印　　张：7.5
字　　数：89 千字
版　　次：2017 年 12 月第 1 版　　**印　　次**：2024 年 6 月第 4 次印刷
书　　号：ISBN 978-7-211-07889-9
定　　价：30.00 元

序

蒋雅俊新著付梓之际，要我写几句话。写什么才合适呢？蒋雅俊这本书是对杜威《儿童与课程》所做的解读与评析，属于教育思想史研究。那我就针对“为什么研究教育思想史”说几句外行话。

中国人有“六经皆史”之说，西方人也有“哲学即哲学史”“逻辑的与历史的是一致的”等观点，从中可以看出历史研究对于理论建设的重要意义。教育学研究、教育学史研究概莫能外，甚至可以说，教育学即教育学史。

以我本人阅读现代教育学史的体会来看，现代教育学就是现代教育学史；现代教育学的“道体”主要是夸美纽斯、卢梭、裴斯泰洛齐、福禄培尔、杜威、蒙台梭利等人物的著述所承载的。卢梭、裴斯泰洛齐、福禄培尔、杜威、蒙台梭利等人的教育学有其共同的立场、观念和方法，这些共同的东西构成了现代教育学的基本“定理”。这些“定理”反复出现在各位现代教育学家的著述中，俨然成为他们言说教育学的“深层语法”，以致他们的读者中，会有人认为，是不是后来的教育学家直接“拿来”前人的思想放入自己的理论体系。杜威就曾遇到过他的同时代人对他的这种质疑。

克伯屈在《回忆杜威和他的影响》一文中提到：“说到杜威教育思想的来源，一些人认为他是从卢梭和福禄培尔那里得来的。关于这一点，我有一次问过杜威，他明确地告诉我，在他形成他的教育观点之前，随便哪一本书他都没有读过。在另一方面，他说过，在他的教育思想中，他从弗兰西斯·W. 帕克那里得到了帮助。”[①]从此处可以看出，杜威并不承认直接受到卢梭、福禄培尔的影响。

当时有人发现，杜威的教育观念与卢梭和福禄培尔的具有一致性。这其实一点也不奇怪。

黑格尔在《精神现象学》中写道：“每个个体，凡是在实质上成了比较高级的精神的，都是走过［人类精神发生］这样一段历史道路的……”[②]后来，黑格尔又在《哲学史讲演录》中说：“我们在现世界所具有的自觉的理性，并不是一下子得来的，也不只是从现在的基础上生长起来的，而是本质上原来就具有的一种遗产，确切点说，乃是一种工作的成果——人类所有过去各时代工作的成果。”[③] 也就是说，那些真正被历史选择了的东西，都是一种“遗产”，都是历史的和逻辑的一个环节，是无法缺省的，无法忽视的。个体的生物发生、精神发生是如此，学术发展也是如此。杜威的教育学也是如此。

卢梭、福禄培尔所体现的教育学的真理作为“遗产”，杜威作为教育学的代表人物对此是无法跨越的，是必须继承的，尽管这种继承可能是有意的，也可能是无意的。也正因为杜威继承了卢梭、福禄培尔所体现的教育学的“遗产”，他才有可能成为现代教育学的一个代表人物。如果杜威跨越了卢梭、福禄培尔所体现的现代教育学的基本立场和观念，那么，杜威便不可能立于他那个时代教育学的最佳生长点上，他的教育学也不可能体现他那个时代的现代教

① 杜威. 杜威传［M］. 单中惠，译. 合肥：安徽教育出版社，1987：181.

② 黑格尔. 精神现象学［M］. 贺麟，王玖兴，译. 北京：商务印书馆，1983：18.

③ 黑格尔. 哲学史讲演录（第一卷）［M］. 贺麟，王太庆，译. 上海：上海人民出版社，2013：10.

育学的“道体”（从教育学的生长点直至高峰的整个理论体系）。

让我们举例说明杜威是如何继承卢梭等人的教育学“遗产”的。

“教育即生长”是杜威教育学的重要命题，其实类似的观念在裴斯泰洛齐、福禄培尔的教育学中也是存在的。在杜威与其女儿合著的《明日之学校》里，杜威认为裴斯泰洛齐和福禄培尔对发展“教育即生长”这一观念是有贡献的。

而事实上，裴斯泰洛齐、福禄培尔的这一观念在卢梭那时已经成形，那就是卢梭所提出的“自然的教育”这一概念。卢梭是如何解释“自然的教育”的呢？“我们的才能和器官的内在的发展，是自然的教育。”① 可见，自然的教育就是内在的发展，就是自然发展。

果然，杜威本人将卢梭的教育概念概括为“教育即自然发展”。杜威的“教育即生长”不就与卢梭的“教育即自然发展”有惊人的相似吗？正像爱因斯坦可以超越牛顿力学体系，但不能抛弃牛顿力学，而要以牛顿力学为基础才能实现理论物理学体系的发展与超越那样，杜威注定要重复和坚守卢梭的“教育即自然发展”这样一条教育学“定理”。我们今天研究教育学，同样要重复和坚守卢梭、杜威的教育学中的真理成分。

让我们再以“儿童在教育中的地位”这个论题为例，来看看杜威对教育思想史的继承。大家知道，杜威在《学校与社会》中提出教育正在发生哥白尼式变革，那就是儿童将成为教育的太阳。这种思想其实也有历史的先声。夸美纽斯作为宗教改革运动与启蒙运动

---

① 卢梭. 爱弥儿［M］. 李平沤，译. 北京：商务印书馆，1996：7.

连接点上的人物，他继承了文艺复兴时期的自然主义和人本主义，体现了宗教改革运动对人内在神圣性的伟大发现。夸美纽斯认为，儿童是“上帝的化身”，是“上帝的灵魂”，是“上帝的种子”，因而提出：教师应做儿童的“仆人”。到了卢梭那里，自然主义和人本主义进一步发展，浪漫主义弥补了理性主义的不足，具有浪漫主义色彩的“自然人”概念导致了对“儿童”的发现，也导致了“自然教育”的发现。人的教育、事物的教育应当与自然的教育一致的卢梭主义观念，其实就是杜威所概括与总结的卢梭教育观：教育即（儿童的）自然发展。其中便隐含了“儿童是教育的太阳”这种观念。

杜威的时代超出了他的先驱们的时代，因而杜威也便具有了超越前人的地方。在杜威那个时代，美国率先发起了“儿童研究运动”，而杜威积极参与其中。杜威的教育学思想是随“儿童研究运动”的展开而展开的，因此，儿童在杜威教育学中便具有重要地位。例如，1897 年，正是“儿童研究运动”开展如火如荼的岁月，杜威发表了《我的教育信条》。他在其中写道：“儿童自己的本能和能力为一切教育提供了素材，并指出了起点。”① “我认为方法的问题最后可以归结为儿童的能力和兴趣发展的顺序问题。提供教材和处理教材的法则就是包含在儿童自己本性之中的法则。”② 这些说法也是杜威《儿童与课程》所坚守的立场。“儿童研究运动”为杜威教育学提供了更为丰满的儿童观基础，这是杜威教育学之所以能比他的现代教育学的先驱们更丰富的地方。我们甚至可以说，没有“儿童研究运动”，没有杜威对“儿童研究运动”的深度参与，就不可能有杜威那种将儿童视为

① 杜威. 学校与社会·明日之学校［M］. 赵祥麟，任钟印，吴志宏，译. 北京：人民教育出版社，1994：4.

② 同①12.

“教育的太阳”的教育学。

当然，卢梭、杜威所体现的西方现代教育学体系与先秦时期的中国思想传统可做充分的会通。先秦典籍《中庸》开篇即言：“天命之谓性，率性之谓道，修道之谓教。”这三句话跨越时空，可视为西方现代教育学体系的总纲或提要。

现代教育学即现代教育学史。当下中国的教育改革、课程改革离不开对杜威等现代教育学家的深入研究。这也是蒋雅俊研究杜威《儿童与课程》的价值与意义。这部著作对杜威《儿童与课程》做了深入的发掘，对教育哲学与课程哲学的建设以及当前的教育改革、课程改革均能有所启发。所以，向读者做此推荐。

是为序。

华东师范大学教育学部教授　刘晓东

2017年12月于丽娃河畔

目　录

导　读

《儿童与课程》[①] 是杜威写于 1902 年的一篇教育论文。文章阐述了儿童与课程的关系、教育对儿童的指导、经验的逻辑方面与心理方面的关系、教材的心理化等课程论的基本问题。

有西方学者称，柏拉图的《理想国》、卢梭的《爱弥儿》和杜威的《民主主义与教育》，是三部不朽的教育瑰宝。[②]《民主主义与教育》构筑了民主社会理想教育的理论框架。民主主义的教育理想，必须通过课程才能落实，而《儿童与课程》正是杜威经验课程观的完整阐释。《儿童与课程》尽管篇幅短小，译成中文亦不过万余字，却是杜威教育思想体系的重要组成部分，对于现代课程理论与实践具有举足轻重的影响。

---

① 杜威的《儿童与课程》最早由芝加哥大学出版社于 1902 年出版单行本，后多次重印。此次研究该著作，所使用的英文版是 Martino Publishing 据芝加哥大学出版社 1902 年版的重排本（DEWEY J. The Child and the Curriculum [M]. Mansfield Centre，CT：Martino Publishing，2011）。其中引文参考了顾岳中的《儿童与课程》中译本（见杜威．学校与社会·明日之学校 [M]. 赵祥麟，任钟印，吴志宏，译．北京：人民教育出版社，1994）。特此说明。

② 滕大春．美国教育史 [M]. 北京：人民教育出版社，1994：537.

第一章　引　言

一、杜威其人

约翰·杜威（John Dewey，1859—1952），美国著名的哲学家、思想家、教育家，实用主义哲学的集大成者，实用主义教育思想的创始人，在西方哲学史和教育史上占有重要地位。

1859年，杜威出生于一个中产阶级的杂货商人家庭。他的家乡佛蒙特州（State of Vermont）的柏灵顿（Burlington）是新英格兰地区的一个市镇，该地区有着笃信民主、崇尚自由的传统。杜威早年在当地的小学、中学学习。对包括杜威在内的孩子们来说，当时的学校是一个令人厌倦的地方，机械的读写算训练、枯燥的学校课本、刻板的课堂教学，难以激发他们的学习兴趣。一直到上大学，在杜威所受的教育中，最重要的部分是在课外的广大乡村活动中获得的。

杜威的女儿简·杜威（Jane Dewey）在《杜威传》中写道："在形成约翰·杜威教育理论的各种因素中，他童年时代的环境显然起了很大的作用。"[①] 家乡的精神传统、早年遭受死记硬背的教育、从社会生活中获得教育等经历，对日后杜威教育思想的形成产生了重

---

① 杜威. 杜威传［M］. 单中惠，译. 合肥：安徽教育出版社，1987：9.

要的影响。

1875 年，16 岁的杜威进入佛蒙特大学（The University of Vermont）学习。在佛蒙特大学，杜威对哲学产生了兴趣并接触到一些新知识，如达尔文（Charles Darwin）的进化论、孔德（Auguste Comte）的实证哲学、英国经验主义理论、德国理性哲学等。大学毕业之后，杜威做了三年中学教师，并在佛蒙特大学托里（Henry Torrey）教授的指导下继续进行哲学研究。杜威进一步阅读了一些哲学史名著，决定把哲学研究作为自己的事业。

1882 年，杜威进入约翰·霍普金斯大学（Johns Hopkins University）攻读博士学位，主修哲学，副修历史和政治科学，并对心理学产生了兴趣。在约翰·霍普金斯大学，杜威听了皮尔斯（Charles Peirce）的逻辑学、霍尔（Granville Hall）的心理学、莫里斯（George Morris）的哲学等课程。杜威认为，就他的兴趣而言，皮尔斯的逻辑学数学味过于浓厚；他受霍尔的经验主义影响较大，尽管这种影响在以后的若干年里表现得并不明显；莫里斯对他的影响最大，促使他潜心研究德国哲学，尤其是康德（Immanuel Kant）和黑格尔（Georg Wilhelm Friedrich Hegel）的著作。①

1884 年，杜威完成了博士学位的学习和研究工作，在莫里斯教授的推荐下，入职密歇根大学（University of Michigan），担任哲学系讲师。杜威从此开始了大学教师的生涯，先后任职于密歇根大学（1884－1888）、明尼苏达大学（University of Minnesota）（1888－1889）、密歇根大学（1889－1894）、芝加哥大学（The University of Chicago）（1894－1904）和哥伦比亚大学（Columbia University）（1905－1939）。

在密歇根大学，杜威承担的课程包括形式逻辑、希腊科学和哲

① 克雷明. 美国教育史 3：城市化时期的历程（1876－1980）[M]. 朱旭东，译. 北京：北京师范大学出版社，2002：184-185.

学、斯宾塞的哲学，并开设关于柏拉图《理想国》和康德《伦理学》的研究班。除了哲学课程，杜威还承担经验心理学、心理学与哲学、心理学史、心理学专题等心理学课程，这促使杜威继续进行心理学方面的思考，并开始构建自己的新的心理学。①

在密歇根大学任职期间，杜威与教育结下了不解之缘。这除了由于杜威本人对教育的兴趣以外，密歇根大学服务社会的活动也起了促进作用。19 世纪 70 年代后期，密歇根大学教育学教授佩恩（William Payne）开设了美国第一个教育学讲座，加强了密歇根大学与州公立学校系统的联系。为解决中学教育与大学教育的衔接关系问题，密歇根大学行政管理人员和教师组成调查委员会并开展调查研究。作为调查委员会的成员，杜威访问了州里的一些中学。1886 年，为了进一步研究中学教育与大学教育的关系，把二者更加紧密地结合在一起，密歇根大学成立了“密歇根教师俱乐部”（The Michigan Schoolmasters’ Club）。俱乐部成员有密歇根大学的教师、安娜堡（Ann Arbor）和伊普西兰蒂（Ypsilanti）中学的教师等。杜威作为俱乐部成员和 1887—1888 学年的副主席，经常在教师讲座和大会上演讲诸如“注意”“记忆”“想象”“思维”等涉及教学和学习方面的论题。②

杜威赞同詹姆士（William James）的天赋倾向非常重要的观点，因而十分重视儿童早期的发展。在密歇根大学的后几年，杜威通过对自己孩子的观察，进一步加深了对詹姆士观点的认识。在哲学的作用方面，杜威对脱离实际、形而上学的抽象推理愈加不满，认为应当用实际经验去检验和发展推理。与此同时，杜威逐渐认识到，现在的教育方法，尤其是小学教育方法，与儿童正常发展的心

---

① 单中惠. 现代教育的探索：杜威与实用主义教育思想［M］. 北京：人民教育出版社，2001：22-23.

② 杜威. 杜威传［M］. 单中惠，译. 合肥：安徽教育出版社，1987：31.

理规律是不相协调的，这激起他创办一所实验学校的愿望。杜威认为，实验学校应把学习心理学的原理与道德研究中的合作交往原理结合起来；应把学生从杜威自己学生时代就感到乏味无趣的状况中解放出来；在学校的直接教育经验中，哲学应得到它的社会应用，并受到检验。[①]

1894年，杜威接受了芝加哥大学的聘请，担任芝加哥大学哲学系主任。他接受聘请的主要原因是“在芝加哥大学的那个系里，包括了教育学、哲学和心理学”。[②] 出于对中小学教育的兴趣，杜威到芝加哥大学任教后，希望提高教育学在芝加哥大学的地位，使教育学与哲学、心理学能更有效地结合。他的想法与校长哈珀（William Harper）不谋而合。在哈珀的支持下，杜威构想了提高教育学在芝加哥大学中地位的计划。他设想成立一个独立的教育系，把学生培养成教育方面的专业人才，并成立一所实验学校，使新的教育理论能够运用于实践并得到检验。这一计划得到了哈珀校长的支持和芝加哥大学董事会的批准，杜威被任命为新教育系的主任，同时保留哲学系主任的职务。与此同时，作为教育理论实验室的“实验学校”（一般称为“杜威学校”）成立了。[③]

在芝加哥大学，杜威将哲学、心理学、教育学相结合，理论与教育实验活动相结合。“杜威学校”既为理论的检验提供实验的场所，又为理论的修正、丰富和进一步发展提供借鉴。也是在这一阶段，杜威开始建构实用主义的教育思想体系。他撰写了《我的教育信条》（1897）、《学校与社会》（1899）、《儿童与课程》（1902）等教育名篇。后来在哥伦比亚大学写成的《我们怎样思维》（1910）、

---

① 杜威. 杜威传［M］. 单中惠，译. 合肥：安徽教育出版社，1987：32.

② 同①.

③ 单中惠. 现代教育的探索：杜威与实用主义教育思想［M］. 北京：人民教育出版社，2001：31-32.

《民主主义与教育》(1916)，也是芝加哥实验的直接成果。[①] 在芝加哥大学工作的十年，对杜威来说是十分重要的，哲学家杜威开始在教育界脱颖而出。

1901—1904 年，因实验学校的行政管理问题，杜威与哈珀校长产生分歧且矛盾日益尖锐，最终杜威从芝加哥大学辞职。从 1905 年起，杜威到哥伦比亚大学任教直至 1939 年退休。

初到哥伦比亚大学，杜威就发现自己处在一种新的哲学环境之中，即唯实论与唯心论、一元论与二元论的相互激烈批判和争论。作为关键人物之一，杜威被卷入了这场争论。哲学界轰轰烈烈的争论，促使杜威对自己的全部哲学观点进行了思考，他的哲学思想变得更加成熟和系统化。《哲学的改造》(1920)、《经验与自然》(1925)、《确定性的寻求》(1929) 等著作，就是这一时期的思考成果。

杜威任职哥伦比亚大学之初，由于不是师范学院的教师，他与师范学院的关系并不密切。1906 年起，他被要求在师范学院开设课程，偶尔参加教师会议。师范学院的附属幼儿园和学校，引起了他的关注。后来，杜威与师范学院的关系日益紧密，在从事教学工作的同时，他继续进行哲学和教育方面的研究。杜威不仅取得了丰厚的哲学成果，还出版了一批重要的教育著作，包括《教育中的道德原理》(1909)、《教育中的兴趣与努力》(1913)、《我们怎样思维》(1910)、《明日之学校》(1915)、《民主主义与教育》(1916)、《经验与教育》(1938) 等。

从密歇根大学时期对教育产生兴趣，经过芝加哥大学时期开始构建和实践教育理论，到哥伦比亚大学时期实用主义哲学和教育思想的成熟，杜威构建了一个完整的教育理论体系，成为世界范围内有影响力的哲学家和教育学家，在哲学史和教育学史上占有重要地位。

---

① 杜威. 杜威传 [M]. 单中惠，译. 合肥：安徽教育出版社，1987：40.

二、《儿童与课程》的写作背景

16到18世纪中期，美国为英国的殖民地。1775至1783年，在华盛顿的领导下，美国取得了独立战争的胜利。独立之后，美国在政治、经济、社会、文化等方面取得了长足的进步，并于19世纪初期，开始了工业化的步伐。南北战争（1861—1865）之后，美国加速了工业化的进程，逐渐从二等工业国发展成为世界领先的工业强国。1900年，它的制造业产量超过了英国、法国和德国产量的总和。① 从南北战争结束到第一次世界大战爆发的不到50年的时间内，美国从一个落后的农业国变成了城市化的国家：机器代替了手工业，产品大量增加；全国性的铁道网，促进了货品流通；应大众的需要，许多新发明面市了；银行业提供贷款，促成工商业经营的扩大。

工业化在创造巨大的社会财富、转变美国人的生活方式和价值观念的同时，也带来了一系列新的问题。首先，贫富差距增大，两极分化严重，财富和收入极不平等。据统计，1%的美国家庭几乎占有87.5%的财富；80%的美国人只能过着勉强糊口的生活，小部分富豪却生活富足。其次，阶级矛盾日益尖锐。工人作为财富的主要生产者，不仅没有分享到生产发展带来的好处，还面临着工作条件恶劣、收入微薄、缺乏必要的职业保护与经济补偿措施等问题。由于生产过剩导致的农产品价格下降、不合理的农产品关税制度及政府的通货紧缩政策等原因，农业萎缩不振，农民生活贫困。② 第三，工业化加快了城市化的进程，大量人口聚居于城市，外来移民不断涌入带来了一系列的问题，如公共资源紧张、犯罪率升高、生

---

① 马丁，罗伯茨，明茨，等. 美国史［M］. 范道丰，译. 北京：商务印书馆，2012：691.

② 同①820.

活环境恶化等。第四，伴随着物质进步，政治道德却蜕化堕落。民主制度被扭曲，政治生活充满黑暗。官员贪污受贿，党魁把持地方政治，选举徒有其名，政风败坏，效率低下，金钱操纵了政治。[①]

为应对工业化带来的问题与挑战，消除从自由资本主义过渡到垄断资本主义所引起的种种社会弊病，重建社会价值体系和经济秩序，一场大规模的包含政治、经济、文化等方面的社会改革运动——进步运动轰轰烈烈地展开了。一般认为，进步运动始于19世纪末期，直到1917年美国宣布参加第一次世界大战，大规模的改革才终止。需要指出的是，进步运动并不是有组织的全国性运动，而是社会方方面面改革的集合，是对新形势下美国政治、经济、文化、生活等方面进行的广泛调整与适应。

教育是文化的“要塞”，是社会生活的重要环节，是重构和传承社会价值体系的重地。社会生活的巨大变化必然影响教育，给教育带来新挑战。在社会变革的洪流之中，教育当如何变革以适应新时代新要求？进步主义教育家们对此展开了研究与实验。

进步主义教育学的思想根源可以上溯到裴斯泰洛齐（Johan Pestalozzi）、福禄培尔（Friedrich Froebel），他们都强调了教育应培养全面发展的人，应关注儿童的兴趣和需要。被誉为“进步教育之父”的美国教育家帕克（Francis Parker）曾在欧洲学习，对裴斯泰洛齐、福禄培尔的思想了如指掌。与他们的观点一样，帕克也认为，学习应从儿童的兴趣和需要出发，最佳的课程是以活动为基础的课程。[②] 1875年至1880年，帕克担任了马萨诸塞州（State of Massachusetts）昆西市（Quincy）的学校督学，主持领导“昆西学校”实验，第一次把进步教育思想付诸实践，这被视为美国进步教

① 陈海宏. 美国史专题研究［M］. 济南：山东教育出版社，2014：452.

② 韦布. 美国教育史：一场伟大的美国试验［M］. 陈露茜，李朝阳，译. 合肥：安徽教育出版社，2010：263-264.

育的开端。

帕克主张，学校应以儿童为中心，而非以知识为中心；教育应适应儿童的发展，而非让儿童适应教育；课程应根据儿童的兴趣、需要、能力，为儿童创造游戏、活动、工作的机会，并提供必要的指导，使儿童具有丰富多样的经验；艺术、自然、野外考察、社会活动等是课程不可或缺的一部分；课程不应是多种多样、互不关联的学科知识，而应具有整体性、有机性；教师的任务不是控制、训练儿童，而应在尊重儿童的基础上，提供适宜的环境，使每个儿童的个性得到发展。①

帕克的教育思想和实践在美国教育界产生了广泛和深刻的影响，吸引众多教育家和对教育感兴趣的人士去研究、学习和考察。后来，帕克到芝加哥大学执教，他又影响了同事杜威。

杜威最初作为帕克实习学校的家长接触到帕克，受其教育思想和方法的影响，于1896年在芝加哥大学成立了自己的实验学校。与其他类似的学院和大学的附属学校不同，杜威无意把自己的学校办成培训教师的实验学校，而是要办成检验思想的实验室。②

克伯屈在《回忆杜威和他的影响》中提到："说到杜威教育思想的来源，一些人认为他是从卢梭和福禄培尔那里得来的。关于这一点，我有一次问过杜威，他明确地告诉我，在他形成他的教育观点之前，随便哪一本书他都没有读过。在另一方面，他说过，在他的教育思想中，他从弗兰西斯·W. 帕克那里得到了帮助。"③ 从此处可以看出，杜威承认自己的教育思想曾受帕克启发，而不承认直接受过卢梭、福禄培尔的影响。

---

① 单中惠. 现代教育的探索：杜威与实用主义教育思想［M］. 北京：人民教育出版社，2001：203-206.

② 韦布. 美国教育史：一场伟大的美国实验［M］. 陈露茜，李朝阳，译. 合肥：安徽教育出版社，2010：263-264.

③ 杜威. 杜威传［M］. 单中惠，译. 合肥：安徽教育出版社，1987：181.

但“说到杜威教育思想的来源，一些人认为他是从卢梭和福禄培尔那里得来的”，表明当时还是有人发现，杜威的教育观念与卢梭和福禄培尔的具有一致性。这其实一点也不奇怪。

黑格尔在《精神现象学》中写道：“每个个体，凡是在实质上成了比较高级的精神的，都是走过［人类精神发生］这样一段历史道路的……”① 后来，黑格尔又在《哲学史讲演录》中说：“我们在现世界所具有的自觉的理性，并不是一下子得来的，也不只是从现在的基础上生长起来的，而是本质上原来就具有的一种遗产，确切点说，乃是一种工作的成果——人类所有过去各时代工作的成果。”② 也就是说，无论是个体发生，还是人类的学术发展，那些真正被生物选择、历史选择了的东西，都是一种“遗产”，都是历史的和逻辑的一个环节，是无法缺省的，无法忽视的。个体发生是如此，学术发展也是如此。卢梭、福禄培尔所体现的教育学的真理作为“遗产”，杜威的教育学是必须要继承的，尽管这种继承可能是有意的，也可能是无意的。

《儿童与课程》写于1902年，正值社会转型的重要时期，适逢进步主义教育改革运动，又是“儿童研究运动”如火如荼的时候。杜威在新的时代背景下，在对旧教育批判和扬弃的基础上，结合杜威学校的实践经验，建构起新的课程观。杜威认为，进步主义教育改革之前的教育（“旧教育”“传统的教育”）存在极大的弊病：它以学科为中心，用死记硬背、填鸭灌输的方式，传授与社会生活相脱离的知识，既不符合社会发展的需要，也违背了儿童的心理特点，扼杀了儿童的学习兴趣。进步的教育应按照儿童身心发展的规律促进儿童生长，把儿童培养成民主社会的主人，并促进社会的民

---

① 黑格尔. 精神现象学［M］. 贺麟，王玖兴，译. 北京：商务印书馆，1983：18.

② 黑格尔. 哲学史讲演录（第一卷）［M］. 贺麟，王太庆，译. 上海：上海人民出版社，2013：10.

主和解放。要实现这样的目标，要让学校成为现代社会的反映，“旧式学校必须变革的有三件事：第一，教材；第二，教师处理教材的方法；第三，学生掌握教材的方法。”① 这在《儿童与课程》中均有论及，尤其是前两个问题得到了详细的解答。《儿童与课程》在杜威教育理论中的重要性可见一斑。

三、《儿童与课程》的思想母体

《儿童与课程》开篇指出：“理论上的深刻差异从来不是无缘由的或虚构的。它们产生于一个真正问题所包含的相互矛盾的因素——问题之所以是真正的，是因为这些因素站在各自的立场上，是相互矛盾的。任何重大的问题，都有矛盾斗争的情况。解决的方案是，唯有从已经固定的术语的意义中摆脱出来，从另一个角度来看待这种情况。但是，这种重建意味着思想上的艰苦努力。较之放弃已经形成的想法，摆脱过去学习到的事实，固执己见并寻找一些可以使它不受攻击的东西要容易得多。”② 表面看来，这段话略显晦涩，且与下文谈课程关系不大，实际上，杜威在开篇写下这样一段话是大有深意的。

无论是教育领域，还是哲学、政治等其他领域，不同理论之间存在分歧甚至相互对立，是司空见惯的事。然而理论之间为什么会有分歧或对立？一个很重要的原因是，争论的问题本身包含着相互冲突的因素。如何彻底解决争端？那就得抛开固有的思维模式，改变对一些名词的刻板印象，换个眼光来看待这些相互冲突的因素。

---

① 杜威. 学校与社会·明日之学校［M］. 赵祥麟，任钟印，吴志宏，译. 北京：人民教育出版社，1994：315.

② DEWEY J. The child and the curriculum［M］. Mansfield Centre，CT：Martino Publishing，2011：7.

杜威是这样说的，也是这样做的——与其他理论不同，杜威思想的一个鲜明特点是用一种“新的眼光”来看待各种问题。倘若不理解杜威的“新的眼光”，就无法理解杜威的思想，当然，也不能真正理解《儿童与课程》。

“新的眼光”具体是什么？是一种全新的哲学观。

杜威认为，我们生活的世界是一个纷繁复杂、变幻莫测、充满着不确定性的世界。在这样的世界中，确定是相对的，不确定是绝对的。不确定，意味着风险，意味着后果的悬而未决——它可能走向好运，也可能走向厄运。为了规避不确定性可能产生的危险，也为了寻求安全，人们希望排除不确定性，寻求确定性。

如何才能获得确定性呢？人们发现了两条可供选择的途径。

其中一条是人们希望能够控制掌握命运的神奇力量。一旦控制了掌握命运的力量，就等于控制了命运，这促使人们投身宗教信仰。一方面，人们认为神掌控人的命运，信仰神、臣服于神、供奉神，就能得到神的眷顾，过幸福的生活；另一方面，不管面临着好运还是厄运，都是神的安排、神的旨意，这或多或少促使人们在面对不确定性的时候，不再恐慌焦虑，而是坦然面对种种可能的变化。人们相信，只要虔诚地信奉神，不管现实的生活历经多少磨难，死后终将得到永生。

另一条获得确定性的途径是“发明许多艺术，通过它们来利用自然的力量”[①]。杜威所谓的艺术，是一个广义的概念，泛指工艺与技术等实践活动和通过实践活动获得的认识。杜威指出，人通过发明艺术，“从威胁着他的那些条件和力量本身中构成了一座堡垒”。[②]建造房屋、缝制衣裳、利用火烧等都是人们发明的有关生活的复杂

① 杜威. 确定性的寻求：关于知行关系的研究［M］. 傅统先，译. 上海：上海人民出版社，2005：1.

② 同①.

艺术。

这两条寻求确定性的途径有着质的不同。前者求助于宗教，是人们在感情和观念上改变自我的方法，后者则是通过行动改变世界的方法；前者是精神的慰藉，后者是外在的行动，是与外在世界的一种实在的接触。由于行动不可避免地带有风险，所以尽管艺术帮助我们考察各种情况，以尽量做出明智的选择，但在实际操作中，仍存在着危险概率的问题，它不能保证绝对的确定性。与此同时，人们对第二条寻求确定性的途径始终心存疑虑，人们不知道主动活动究竟是神对人的恩赐，还是会改变神对人命运的规定，造成对神灵的亵渎。这导致了人们更加推崇富有诗意的信仰——它是一种精神上的安慰剂；它无所不包，无所不能；它能够使人不通过行动就获得幸福。

两条寻求确定性的途径，常常被区别对待：前者被抬高，后者被轻视。除了是二者的性质使然，也因为从事艺术的，多为包括奴隶、农民、工匠等在内的体力劳动者，对体力劳动及其从业者的轻视，是造成二者地位不平等的重要原因。哲学家虽然不是轻视贬低艺术的始作俑者，却“把这种态度加以公式化和合理化，从而把它持续了下来。他们夸耀他们自己的职能，无疑地远远把理论置于实践之上。”① 哲学继承了宗教的趣味，贬低艺术的趣味，它继承了宗教所涉及的境界，关注一个高级的只存在于精神中的，有关本原、实体的抽象世界。这就把世界割裂成了互不相关的两个部分。一个大约相当于普通民众在信仰里所涉及的宗教的、超自然的世界，在哲学话语、概念的翻译下，成了一个形而上学的、最高的、终极的、实在的世界。这个至高无上的实在是关于事物的一切真理的保障。当然，这个世界只有经过哲学训练的人才能看到，一般人能够

① 杜威. 确定性的寻求：关于知行关系的研究［M］. 傅统先，译. 上海：上海人民出版社，2005：2.

认识的，是另一个世界。这另一个世界是日常生活的世界，是充斥着各种复杂现象的世界，是行动和事实的世界，是一个充满着不确定性的世界。①

杜威认为，古典哲学热衷于寻找世界的本原、终极实体等，以期获得永恒的、必然的、绝对客观的认识。然而，哲学非但没有实现它的目标，反而走上了一条弯路——传统哲学错误的根源恰恰在于为了规避变幻莫测、动荡不安的世界带来的不安全感和不确定性，制造出一个关于实体、终极实在的彼岸世界，并沉醉于这个宁静的、安全的、确定的世界。这导致了两大问题：其一，使得哲学逃离了它的使命。“如果生活中有许多真正不确定的事情，各派哲学必须反映这种不确定性”。② 既然世界的本来面目是不确定的、复杂流变的，哲学就应直面不确定性，为人类的有效行动提供智慧。其二，把原本完整的、有机的、统一的世界割裂，并在此基础上，衍生出种种割裂与对立，如身与心、物质与精神、实体与现象、知与行、人与自然、主观与客观等。哲学改造的任务就是要消除割裂与对立，这种消除并不是把已经割裂了的碎片重新黏合起来，而是用“新的眼光”看问题，即彻底抛弃以割裂、对立为特征，以追求确定性为目标的传统哲学。

割裂从何处开始，改造就从该处开始。杜威找到了消解二元对立、回到整体状态的关键问题——经验。

经验是整个近代哲学争论的中心话题，也是思考人与世界关系的起点。杜威认为，经验这个常用的哲学概念中隐藏了深深的哲学歪曲——二元分裂的思维方式浸透了经验的概念。要改造传统哲学的思维方式，就必须从这个最普通却也是最困难的概念入手。只有

① 江怡．现代英美分析哲学（上）［M］//叶秀山，王树人．西方哲学史（学术版）．南京：凤凰出版社，江苏人民出版社，2005：364-365．

② 杜威．民主主义与教育［M］．王承绪，译．北京：人民教育出版社，1990：346．

纠正了对经验概念的错误认识，人与世界的关系才能回到哲学反思前的原初状态，才能从根本上化解传统哲学所造成的人与世界的分裂。[①]

哲学如何曲解了经验的概念？曲解的经验概念又是如何造就人与世界的分裂呢？

考察哲学史，杜威发现，在古希腊人看来，经验系指一堆实用的智慧，是可以用来指导生活事件的丰富的洞察力。[②] 比如，木匠、领航员、医师、军事长官等逐渐积累的鉴别力或技巧即是经验。经验是个人或者群体在日常生活中，通过劳动和其他活动与外部事物发生联系而获得的相关信息或体验。通过经验的传递和积累，个人或群体可以获得处理具体问题的技能，并形成某些行为习惯。与理性和科学相比较，古希腊思想家是轻视经验的。他们之所以轻视经验，并非因为经验是“主观的”。相反，他们认为，经验是宇宙力量的真正表现，而不是一种完全为动物或人类本性所特有的属性。尽管如此，经验只是自然界中比较低级的那部分现实，而这些低级的现实是不稳定的，是“受机遇和变化所侵蚀”[③] 的，因而，它在宇宙中具有较少的真实性。

到了近代，在身心分离的二元论哲学的影响下，“经验”继续遭到曲解。在一些理性主义者看来，经验对具有经验的人们来说是重要的，但由于经验是偶然的、零碎的、不确定的，所以它们并不涉及自然的本质，自然和经验是互不相干的。笛卡尔、斯宾诺莎等人甚至认为，经验不但是从外部偶然地附加于自然的东西，而且它是把自然界从我们眼前遮蔽起来的一个帐幕，人若要认识自然，就

---

① 江怡. 现代英美分析哲学（上）[M] //叶秀山，王树人. 西方哲学史（学术版）. 南京：凤凰出版社，江苏人民出版社，2005：368.

② 杜威. 经验与自然 [M]. 傅统先，译. 南京：江苏教育出版社，2005：226.

③ 同②.

必须用理性“超越”经验的帐幕。[①] 近代经验主义者认为，感觉经验是认识的来源，是主体关于世界的最初认识，理性是在感觉经验基础上的抽象、概括。他们虽然肯定和重视经验，但同时也认为人的认识必须从经验出发，通过抽象、概括，上升到理性水平。

杜威认为，传统的哲学把完整的世界分割为主观与客观、身体与心灵、思维与物质、理性与感性、实体与现象等。知识被认为是通过理性的抽象得来的，是客观的、科学的、可靠的；经验则由感官知觉得来，是主观的、感性的、不可靠的。自 17 世纪以来，经验的概念，把经验和主观私自的意识等同起来，把经验和由全部物理对象构成的自然对立起来，这已大大地蹂躏了哲学。同时，“这也就是在开始时我们所提到的那种把‘自然’和‘经验’当作是彼此毫不相关的事物的这种感觉所由产生的原因。”[②]

事实上，自然界既存在确定的、明晰的一面，也存在不确定的、晦暗和模糊的一面。传统的哲学把知识作为理性、科学和确定性的“代言人”，不仅不能反映纷繁复杂的世界的全貌，反而把复杂的世界简单化，它把所有的晦涩模糊、不确定划归到主体身上，并生硬地把作为主体的人和他们生活于斯的世界隔绝——一边是所谓的“主观的”活生生的人，一边是抽去了情感、价值、态度以后的所谓实体的、客观的世界。“自我不仅变成了一个来到圣地朝觐的香客，而且成为这个世界上的一个未曾变成自然事物而且不可能变成自然事物的外乡人。”[③]

要摧毁人与自然之间的壁垒，避免这种僵硬的隔绝，就必须彻底地摈弃二元对立的思维方式，用整体的哲学观来看待世界。

杜威认为：“经验既是关于自然的，也是发生在自然以内的。

---

① 杜威. 经验与自然［M］. 傅统先，译. 南京：江苏教育出版社，2005：1.

② 同①10.

③ 同①18.

被经验到的并不是经验而是自然——岩石、树木、动物、疾病、健康、温度、电力等等。在一定方式之下相互作用的许多事物就是经验，它们就是被经验的东西。当它们以另一些方式和另一种自然对象——人的机体——相联系时，它们就又是事物如何被经验到的方式。”① 被经验到的东西，既然是自然的一种显现，那么就应当能够揭示自然的某些特性，因此“想象和欲望对于一个关于事物之真正本性的哲学理论来说，都是适宜的”，② 而无知的存在与智慧的存在一样，错误、反常的存在与真理的存在一样，美感经验、道德经验也与理性经验一样，都真实地反映了自然的某些特性。③

杜威反对传统哲学强调经验的某些方面而忽视其他方面的倾向。例如，理性主义者偏爱经验中理性的、逻辑的、抽象的、概念化的部分，他们把经验中理性的成分放到了至高无上的位置，而同时贬低了经验的其他部分。经验主义者则恰恰相反，他们把经验中的感觉经验部分，作为最真实、最可信的东西。但无论强调经验的哪一方面，只要有选择性地强调某一方面，必然伴随着对另一些方面的删除和拒绝。④ 任何抬高经验的某些方面，并把它作为评判经验其余部分的标准的哲学都是片面的哲学。杜威把经验分为认知的经验和非认知的经验；根据人脑对经验的加工程度，经验又可分为原始经验和反省经验。无论是哪种类型的经验，“都是自然界的某些真实的特性之显著的体现”，⑤ 都具有同样重要的作用。

经验就是生活。杜威说：“‘经验’是一个詹姆士所谓具有两套意义的字眼。好像它的同类语‘生活’和‘历史’一样，它不仅包括人们做些什么和遭遇些什么，他们追求些什么，爱些什么，相信

---

① 杜威. 经验与自然［M］. 傅统先，译. 南京：江苏教育出版社，2005：3.

② 同①15.

③ 同①15.

④ 同①18.

⑤ 同①18.

和坚持些什么，而且也包括人们是怎样活动和怎样受到反响的，他们怎样操作和遭遇，他们怎样渴望和享受，以及他们观看、信仰和想象的方式——简言之，能经验的过程。‘经验’指开垦过的土地，种下的种子，收获的成果以及日夜、春秋、干湿、冷热等等变化，这些为人们所观察、畏惧、渴望的东西；它也指这个种植和收割、工作和欣快、希望、畏惧、计划，求助于魔术或化学、垂头丧气或欢欣鼓舞的人。”[①] 杜威不承认主观与客观、动作与材料的区别。他认为，整体的“经验”包含着不可分割的两个方面，亦即具有“两套意义”：既包括被经验到的客体，也包括作为经验主体的人；既包括获得经验的过程，也包括获得经验的结果；既包括经验到的事实，也包括事实蕴含的价值；既包括主动的尝试、追求，也包括被动的遭遇、承担结果。概言之，杜威的经验概念既包括人们所做的、所遭遇的事情，也包括人们怎样做和怎样获得结果。杜威说：“经验和历史、生活、文化这些事情有同样的意义。”[②] 人的行动与劳作、追求与梦想、信仰与信念、观察与感受、兴趣与欲望、人的存在方式与状态，梦、巫术、宗教、艺术、道德、政治、科学、情绪情感体验等与人相关的所有一切都是经验。经验就是主客体未分状态下的人的活动，[③] 是有机体与环境相互作用的过程与结果。因此，经验就是生活。

经验是与生命相关的。杜威认为，有生命的地方就有行为和活动。为了维持生命，有机体必须连续进行与环境相适应的活动，而且这种适应活动并非全然是被动的——有机体不只是被动地顺从环境，它必须主动改变环境以适应自身的需要。生命的形态越高，对环境的主动改造就越重要。“凡是有经验的地方，就有生物。凡是

---

① 杜威. 经验与自然［M］. 傅统先，译. 南京：江苏教育出版社，2005：8.

② 同①28.

③ 张梅. 杜威的经验概念［D］. 上海：复旦大学，2008：59-60.

有生命的地方，就与环境保持双重的联系。”[①] 杜威说：“经验变成首先是做的事情。”[②] 有机体并不是被动地等待着外界环境对自身施加影响，而是主动地作用于环境，并使环境发生变化，环境的变化又对有机体及其活动产生了影响。在与环境相互作用的过程中，“这个生物经历和感受它自己的行动的结果。这个动作和感受（或经历）的密切关系就形成我们所谓经验”。[③] 可见，经验与生命的进程是紧密联系的，二者形成了水乳交融、不可分割的关系。经验并非纯粹知识的原材料，也非孤立粗糙的感官知觉，它和流变的、鲜活的生命是一体的，它是伴随着有机体生命进程的活动，因此在这个意义上，经验具有了生命的价值和意义。

经验是内在联系着的。杜威说：“‘生活’和‘历史’具有同样充分的未予分裂的意义，这是重要的。生活是指一种机能，一种包罗万象的活动，在这种活动中机体与环境都包括在内。只有在反省的分析基础上，它才分裂成为外在条件——被呼吸的空气、被吃的食物、被踏着的地面，和内部结构——能呼吸的肺、进行消化的胃、走路的两条腿。”[④] 自然、历史、生活、经验原本就是一个兼容并蓄、主客未分、有机统一的整体，只是人们在反省分析的时候，为了研究的需要，才人为地将经验划分为各个部分。杜威认为传统的经验主义，如洛克、休谟的理论，是一种“感觉原子论”。它将经验看作一系列单个的、孤立的感觉内容，这些相互分离的感觉内容再通过某种外在于经验的联系构成更复杂的内容。康德和后康德学派为了综合所谓的经验材料，设计出了“先验”概念和种种范畴组织。杜威认为，无论是传统的经验主义，还是康德、后康德学派都没有看到，当经验和生活结盟的时候，“经验在它自身里面含有

① 涂纪亮．杜威文选［M］．北京：社会科学文献出版社，2006：65.

② 杜威．哲学的改造［M］．许崇清，译．北京：商务印书馆，1997：46.

③ 同②.

④ 杜威．经验与自然［M］．傅统先，译．南京：江苏教育出版社，2005：8.

结合和组织的原理”。[①] 有机体为了生存，在与环境相互作用的过程中，获得了经验（或有助于活动或妨碍了活动的经验）。任何经验都不是发生在真空中的，经验的能动者和被动者并不是相互隔离的，而是通过一些极其紧密而广泛的纽带与事物的运动连接到一起。有机体处于世界之中，是世界的一部分，它的活动以多种多样的方式与其他事物的活动连接到一起。[②] 有机体的活动总是与周围的环境，与其在事先事后的经历相互关联着，因此生活和经验并非只靠瞬息的、原子的、单独的感觉构成。“生命所固有的组织无须一个超自然的和超经验的综合”，[③] 关联性和连续性是经验本身内在的固有属性，而非某种外在的力量强加给经验的东西。

经验是指向未来的，它蕴含着自我生长、自我更新的力量。杜威说：“在任何一个对经验怀有经验主义兴趣的人看来，经验专注于那些正在到来的——正在到来而不是刚刚到来——事物这一点是显而易见的。”[④] 由于生活总是向前发展的，由于人们总是生活在一个瞬息万变的世界中，幸福或者不幸皆在变化所造成的结果中，而人的每一个活动都将影响着事态的发展和变化，影响着变化带来的结果，所以经验是“蕴藏于现在之中的未来”。[⑤] 杜威认为，有机体所关注的对象总是环境中正在发生的而非业已完成的事情，已经完成和已经结束的事物原本是没有价值的，它们之所以具有意义，是由于它们对未来有所影响。经验作为可能到来的事物的标志，影响着未来的行动。人本质上是一个“主动－被动”者，既主动地改造环境又被动地受环境的影响。人所经历的一切影响着他的行动，而他的行动又谱写着他的经历。人总是面向未来而生活，因此“我们

① 杜威. 哲学的改造［M］. 许崇清，译. 北京：商务印书馆，1997：48.

② 涂纪亮. 杜威文选［M］. 北京：社会科学文献出版社，2006：69.

③ 同①49.

④ 同②67.

⑤ 同②67.

一定不要只是重复过去的经验，或者等待事变来迫使我们改变。我们要利用自己过去的经验，去建设未来的更好的新经验。因此，经验中的这个重要事实就包含它用来指导自己不断改进的过程”①。

传统的经验主义把感觉经验作为经验的主要内容，杜威的经验是一个兼容并蓄的整体——经验就是完整的生活；经验就是生命的过程与结果；经验是内在联系着的、指向未来的，它蕴含着自我生长、自我更新的力量。②

---

① 涂纪亮．杜威文选［M］．北京：社会科学文献出版社，2006：115.

② 蒋雅俊．课程哲学：儿童、经验与课程［M］．北京：人民教育出版社，2015：74-78.

第二章　《儿童与课程》的主要内容

《儿童与课程》主要阐述了儿童与课程的关系、教育的解释和指导作用、经验的逻辑方面与心理方面的关系、教材的心理化等四个核心问题。

一、儿童与课程的关系

儿童与课程的关系是怎样的？正如前文所述，杜威首先强调了看待此类问题的基本态度，即一个问题包含着相互冲突的因素，各个学派支持自己认为对的一方，造成了学派之间的矛盾与分歧，我们应放弃二元对立、非此即彼的思维定式，应把教育看作一个整体，用整体的思维看待教育中的种种问题，看待儿童与课程、儿童的经验与学科知识之间的关系。

杜威指出，无论是传统的教育观还是在目前的教育实践中，儿童与课程是“脱节”的：儿童的世界是一个丰富多彩、鲜活生动的整体，是一个充满着情感的生活世界，学校课程却是一个分门别类、机械僵化的学科知识体系，是一个事实和规律的世界；儿童关注的是他周围的生活，是他感兴趣的事，是当下接触的事，“课程呈现的材料却无限地回溯过去，无限地向外扩展”；[①] 儿童通过感情

---

① DEWEY J. The child and the curriculum [M]. Mansfield Centre, CT: Martino Publishing, 2011: 9.

上的生动联系，通过活动把各种亲身经验综合在一起，课程却是按照学科的逻辑，根据知识的难易程度排列组合，再按部就班地传递给儿童……“一言以蔽之，分门别类的研究是许多年代科学的产物，而非儿童经验的产物。”①

杜威总结和归纳了三个关于儿童与课程的基本分歧：第一，儿童的世界是相对狭小的，属于个人的世界；学校向儿童展示的是空间和时间无限扩大的、非个人的世界。第二，儿童的生活是统一的、整体的，课程提供的知识是专门化的、分门别类的。第三，儿童的生活是鲜活的，儿童思考问题的方式是感性的，儿童通过活动获得经验；课程却教给儿童按照逻辑进行分类和排列的抽象原理。

在传统教育中，儿童的生活、儿童的经验、儿童获得经验的方式、儿童的兴趣等与课程是相背离的。那么，如何面对儿童与课程之间的分歧？对待这个问题，不同的学派虽然有不同的具体主张，但大体上可以分为相互对立的两派。

一派认为，学科知识是客观的、高级的、科学的、逻辑的、深刻的、清晰的，儿童的经验是主观的、低级的、感性的、混乱的、粗糙的、模糊的；学科知识展示的是一个永恒的、符合客观规律的世界，在这个世界中，一切都是经过精心衡量、细致考察过的精确的东西，儿童的世界则是有个人特点的、幻想的、不稳定的、主观的、情感丰富的世界。教育必须用学科知识改造儿童的经验，必须用科学的、系统的、逻辑的世界取代主观的、琐碎的、充斥着个人情感的儿童的世界。只有去除了儿童经验、儿童世界的主观性和不科学性，才能使其走向更高级、更理性、更确定的客观世界。

---

① DEWEY J. The child and the curriculum [M]. Mansfield Centre, CT: Martino Publishing, 2011: 11.

在儿童与课程的关系上（即儿童的经验与学科知识的关系上），课程（学科知识）是中心，儿童是知识的接受者。课程要做的事情，是精心地选择学科知识，按照学科的逻辑和难易程度排列组合，然后将筛选和排列好的知识划分成若干单元，再将若干单元细化为若干课时，最后每个课时被分为若干特殊的事实和公式。当课程把过滤、组织好的学科知识按部就班地传递给儿童时，儿童就能一步步掌握整个学科领域的知识。在这样的教育中，儿童是缺席和“不在场”的，课程关注的重点是知识的逻辑分类和排序，教学的问题则是按部就班地呈现教材。学科知识是课程的目的，而目的决定了方法，于是，填鸭灌输、死记硬背成了教育的“不二法门”。在这种教育观看来，儿童只不过是未成熟而有待成熟的人，是知识浅薄而有待加深的人，他的本分是被动容纳和接受，他的所有职责便是驯良地服从课程的安排，把学科知识记忆到头脑中。①

另一派的观点则恰恰相反。他们认为，课程的目标并不是学科知识或传递知识，而是儿童的自我实现。在儿童与课程的关系上，儿童是起点，是中心，是目的，是课程选择的依据和标准。学科知识处于从属地位，是儿童生长的工具。学科知识只有对儿童生长有用时，才有价值。儿童的个性、性格比学科知识更为重要。学习是一个主动的过程，是内发的，是心理的积极展开。教材虽是儿童的精神食粮，为儿童的生长提供必要的营养，但营养能否被吸收，关键在儿童。决定学习的质和量的是儿童而不是教材，因而，课程必须站在儿童的立场上，以儿童为出发点选择教育内容，教材必须按照儿童心理的逻辑来组织。

杜威认为，第一个学派把学科知识放在课程的中心位置，重视课程的学科逻辑性，强调指导和控制；与此相反，第二个学派把儿

---

① DEWEY J. The child and the curriculum [M]. Mansfield Centre, CT: Martino Publishing, 2011: 10.

童放在中心位置，主张课程应符合儿童的心理，强调自由和主动性。这两个学派的观点针锋相对，龃龉难入。在杜威看来，把学科知识放在课程的中心，向儿童灌输知识，固然是错误的；但把儿童放在中心，教材完全按照儿童心理的逻辑来组织也是错误的。后者的错误在哪里呢？它的错误不在于尊重儿童，而在于理解错了儿童的经验与学科知识之间的关系，而这同样是学科中心课程观的错误所在。在这两派看来，儿童的经验与学科知识之间是互不相关，甚至是相互矛盾的，而两派分别支持了矛盾双方（亦即儿童与课程）其中的一方，争论由此产生，谬误也由此产生。

儿童与课程，儿童的经验与学科知识之间究竟是什么关系呢？

首先，正如前文所述，在杜威哲学中，经验是一个内涵与外延都十分广泛的概念。经验是有机体与环境相互作用的过程与结果；经验就是生活；经验与生命相关；经验是整体的、有机的，是有内在联系的；经验是指向未来，对未来有意义的。经验是一个兼容并蓄的整体，在这个整体中，既有理性的、逻辑的、抽象的、概念化的部分，也有感性的、心理的、具象的、粗糙的部分。杜威把经验分为认知的经验和非认知的经验。根据人脑对经验的加工程度，经验又可分为原始经验和反省经验。原始经验就是日常生活，反省经验是主体对原始经验的反省得来的经验。杜威认为，无论是哪种类型的经验，都具有同等的地位，都同样重要，抬高或贬低任何一种经验都是错误的。

学科知识和儿童的经验都是经验的一部分，它们既不是非此即彼、相互对立的，也不是互不相关、完全割裂的。

从学科知识的角度来看，各门不同的科目——算术、语文、地理、历史等——本身就是经验。它们是人类的种族经验，是一代一代的人与大自然相互作用努力积累起来的成就。追溯学科知识的历史，它们最初是人们在生产、生活中获得的粗浅经验，这些经验经过积累、概括、反省、抽象、概念化等环节，逐渐系统化、专业化，成为学科知识。感性的、生活化的、具体的经验是学科知识的来源；学科知识是对感性的、生活化的、具体的经验的概括提升和组织系统化。

从儿童的角度来看，在儿童的经验里，已经包含了各门学科的事实和真理，只不过儿童对它们的认识是朴素的、原始的。儿童的经验也蕴含着态度、兴趣和动机，这对儿童经验的发展起积极作用。杜威指出，儿童的经验并不是固定的、一成不变的，而是在发展着、生长着，富有生命力的，从儿童的经验到有组织的真理体系就是经验改组和改造的过程。

杜威说："进入儿童当前经验的事实和真理，和各门科目研究所包含的事实和真理，是一个现实的起点和终点。把一方与另一方对立起来就是把同一个生长着的生活的幼年期和成熟期对立起来；就是把同一过程中的前进趋势和最终结果对立起来；就是认为儿童的天性和命运是处于交战状态的。"[①] 儿童的经验与学科知识的关系就好像"单一过程的两极"或"两点构成的一条直线"，[②] 儿童的经验是起点，学科知识是终点。

杜威关于儿童经验与学科知识关系的认识，绝不是走二者兼顾的折中路线。如果把儿童与课程以及儿童的经验与学科知识割裂，认为它们是互不相关的，甚至是非此即彼、二元对立的，那么就必然陷入谬误——有主要，就必然有次要；有中心，就必然有边缘与之相对。而无论认为谁是主要、中心，谁是次要、边缘，都是建立在二元分裂基础之上的。如果理论基础出现了问题，即便"以儿童为中心"的论点表面来看甚是鼓舞人心，那也是错误的。

---

① DEWEY J. The child and the curriculum [M]. Mansfield Centre, CT: Martino Publishing, 2011: 17.

② 同①16.

二、教育的解释和指导作用

杜威彻底抛弃了以分裂、对立为特征的传统哲学，在整体论哲学视野中，儿童的经验和学科知识原本就是整体经验的不同部分，二者同样重要，并且是有机联系着的。杜威把儿童的经验与学科知识、幼年期的生活和成熟期的生活比作一条直线上的起点和终点，这就为理解儿童与课程的关系提供了新思路，也为教育和课程变革带来了新的想法：如果“终点”代表前进方向和目标，“直线”代表整体性、连续性、过程性，那么这对教育有什么重要意义呢？

杜威认为，如果儿童的经验是正常、健全发展的，那么我们就可以预见儿童经验的发展轨迹，知道儿童经验发展的目标和结果。预见经验发展的走向和目标，对当下具有指导意义。教材不再是脱离实际的、遥远而渺茫的学科知识，而是以儿童现有的经验为基础，根据经验的发展路径，为当下提供指导。换句话说，“成人头脑中系统化的、被定义的经验，对于我们的价值在于，按照儿童的生活当下所显示的那样进行解释，并继续对它进行引导、指导”。[①]

如何对儿童的经验进行“解释”和“指导”呢？

杜威首先对儿童的经验做出判断，认为儿童现有的经验不是终极的、业已完成的，而是转化的，它表明了生长的倾向，蕴含着继续生长发展的力量。杜威指出，对于儿童的经验，极端轻视和过于热情的理想化都是不对的。前者没有看到儿童经验发展的希望而轻视它们；后者对儿童已经获得的经验欢欣雀跃、过于乐观，却忽视了它们并没有发展完成。用发展的眼光看待儿童的经验，是“解

---

① DEWEY J. The child and the curriculum [M]. Mansfield Centre, CT: Martino Publishing, 2011: 18.

释”和“指导”应有的基本态度。杜威同时指出，在人类活动中，不同的经验具有不同的价值，应对儿童现有的各种倾向、意图、经验等，按照它们在生长和经验发展过程中的作用，给予不同的解释和指导。

在分别批判总结旧教育、新教育的基础上，杜威对教育应如何“解释”和“指导”儿童的经验进行了说明。

杜威认为，旧教育的缺点是把未成熟的儿童和成熟的成人作了不合理的比较。在《民主主义与教育》中，杜威对儿童的“未成熟”状态做了进一步阐释：正如人总是在未发展的某个点上发展，在未成熟的基础上逐渐走向成熟，“未成熟”前面的“未”字，不仅仅是一无所有或缺乏的意思，它还蕴含着积极的意义。儿童的未成熟状态是一种生长的可能性，是一种积极的势力或能力——向前生长的力量。① 然而，旧教育把儿童的“未成熟”状态当作了缺乏，用成熟期作为固定的标准来衡量儿童，把注意力集中到了成年人具有而儿童暂不具有，成年人会而儿童暂时不会的东西上。这就导致了它把童年期、儿童的经验看作是“尽可能快、尽可能多的要送走的东西”，② 轻视了儿童的潜力和主观能动性，忽略了儿童现有经验中蕴含的发展力量。对于旧教育来说，教育对儿童的指导即控制儿童，让儿童按部就班地掌握教材，教材则是外在于儿童生活和经验的学科知识，是外力强加在儿童头上的东西。

新教育与旧教育相反，它把儿童放在了核心位置，教育与课程则处于从属地位。新教育用一种无比乐观的态度看待儿童及儿童的经验，把儿童身上固有的生长能力看作是发展的全部要素。在新教育看来，儿童现有的能力和当下的兴趣决定了一切，教育和课程要

---

① 杜威. 民主主义与教育［M］. 王承绪，译. 北京：人民教育出版社，1990：49-50.

② DEWEY J. The child and the curriculum［M］. Mansfield Centre，CT：Martino Publishing，2011：20.

迎合、满足儿童的兴趣和需要。杜威认为，儿童及儿童的经验是发展变化着的，儿童现有的能力和水平并非已经完成了的东西，假如满足于儿童的现有发展水平，就是对儿童的放任。新教育对“发展”概念的理解是形式主义的、空洞的。儿童不能脱离外部环境，而从自己心中“发展”出这个或那个事实、真理，倘若教育不提供儿童发展的适宜条件，而让儿童自己去思维、去创造，那么“没有东西能从无中发展出来，从粗糙的东西只能发展出粗糙的东西……期望一个儿童从他自己的头脑中进化出一个宇宙，就像一个哲学家试图去完成的任务一样，是徒劳无功的。”①

新旧教育都存在问题，究竟该如何将系统的、精确的经验，按照儿童的生活解释给他们？又如何对儿童的经验做出指导呢？

对待儿童现有的经验，我们既不能因其离成熟尚有距离而轻视之，也不能因其充满奇思妙想而将之理想化。儿童的发展是一个有规律的过程，儿童的发展需要适宜的环境。教育须遵循儿童生长发展的规律，提供适当的外部条件，使儿童发展的能力在外部条件的刺激下，转化为现实的发展。发展不仅仅指心灵获得某些东西，儿童的发展是经验的发展，是真正需要的经验的发展。

课程并不是要用“成人心目中系统的和精确的经验”（即学科知识）来取代儿童的经验，而是看到二者之间的联系，用前者来解释、指导后者。儿童的经验与学科知识之间并不存在着不可逾越的鸿沟，儿童的经验和学科知识好比一条直线上的起点和终点，学科知识是儿童经验发展的目标及发展方向。儿童经验发展所处的阶段不同，它距离学科知识的“远近”便不相同。“按照儿童的生活当下显示的那样进行解释”，② 亦即用儿童当下的经验水平和发展阶段

---

① DEWEY J. The child and the curriculum［M］. Mansfield Centre，CT：Martino Publishing，2011：24.

② 同①18.

能够接受的方式来解释事实。杜威说："解释事实就是要在有活力的运动中去看它，在与生长的关系中去看它。但将其视为正常生长的一部分，是为了获得指导它的基础。"①

以数学为例，儿童现有的关于计算、测量和排列事物的盲目冲动，包含着数学上数量关系、排列组合等方面的知识。追溯这些数学知识产生的历史，它们正是从和儿童的经验一样粗糙的起点开始，经过一代代的积累、抽象、概念化，逐步发展到当下。在杜威看来，学科知识是从粗糙的经验发展而来的，儿童经验最终将发展成为学科知识，学科知识发展的历史与儿童经验发展的过程具有某种一致性。因而，杜威主张，学科知识是如何一步步由粗糙经验发展而来的，儿童的经验就按照这个过程一步步走向学科知识。看到学科知识演进的整个历史，"看到儿童在这里和当下需要采取什么步骤，需要如何处置他的盲目冲动，使之变得清晰和有力量。"②

教育对儿童的指导，既不应像旧教育那样控制儿童，也不应像新教育那样对儿童放任自流。"指导不是外部的强迫。它把生活过程解放出来，以使它最充分地实现自己。"③ 教育对儿童的指导问题，就是对儿童的本能、冲动予以适当刺激的问题。至于哪些刺激是适合的、是儿童真正需要的，则有赖于对儿童及其身心发展规律的理解。

杜威特别谈到了儿童的兴趣、冲动等对教育的意义。在新教育看来，儿童的兴趣是教育的着眼点，教育应满足儿童的兴趣，课程的选择、组织和实施也应以儿童的兴趣为依据。杜威认为这是错误的。事实上，杜威对"兴趣"及"兴趣与教育"的关系等做过较为深入的探讨。在杜威看来，一个冲动和习惯，假如能够让人产生某

---

① DEWEY J. The child and the curriculum [M]. Mansfield Centre, CT: Martino Publishing, 2011: 22.

② 同①23.

③ 同①.

个目的，并为实现目的而努力，那么这个冲动和习惯就会成为兴趣。尽管兴趣是多种多样的，产生的原因也不尽相同，但在基本原理上，所有的兴趣都有着共同之处：它们标志着自我与客体的一体，即行动的目的、方法不是外部的强加，而是来自于自我。符合儿童的兴趣，意味着活动既不是对儿童情绪、情感的暂时满足，也不是用外部的刺激让儿童感到愉悦。真正的兴趣是对自我从事于、忙于、着手于、关心于、倾心于、迷醉于客观教材的程度的证明。[①] 因而，教育、课程所追求的不应是流于浅表的愉悦。

假如儿童是主动投入、积极学习课程的，那么说明他们对课程就是有兴趣的。从另一个角度来说，什么样的课程才符合儿童的兴趣？“兴趣就是统一的活动”，[②] “兴趣存在于行动者自己生长的同一个方向，因而是生长所迫切需要的”，[③] 课程必须符合儿童生长的需要，唯有如此，才符合儿童的兴趣。这意味着课程与儿童应是一个整体，当儿童与课程相互割裂，当课程成了外部强加在儿童头上的东西，学习就成了一件苦差事，儿童就毫无兴趣可言。

兴趣的价值在于，提供内部力量促使儿童主动获得经验。兴趣并非已经完成了的东西，而是对于可能发生的经验的态度，正如杜威所言：“仅仅引起注意是不够的，必须掌握它。激起活力是不够的，活力发展的方向，它所产生的结果才是重要的事情。”[④] 因而，符合儿童的兴趣，意味着课程应与儿童的生长过程相统一；满足儿童的兴趣，意味着为儿童获得新经验给予刺激，而不是用儿童当下发展水平的经验去迎合兴趣。

---

① 杜威. 学校与社会·明日之学校［M］. 赵祥麟，任钟印，吴志宏，译. 北京：人民教育出版社，1994：210.

② 同①175.

③ 同①172.

④ 同①211.

三、经验的逻辑方面和心理方面的关系

在杜威经验哲学的视野中，儿童的经验与学科知识同属于经验的范畴。与儿童的经验相比，学科知识是逻辑的、抽象的经验。杜威主张，课程不应是外在于儿童、外在于儿童生长过程的学科知识，同时他认为，儿童的经验与学科知识应是一条直线上的起点和终点，学科知识是未来和目标，那么课程又该如何面对儿童的经验与学科知识之间的差异呢？

杜威认为，首先应看到经验的逻辑方面和心理方面的区别。经验的逻辑方面是生活经验经过积累、发展而逐步逻辑化、系统化的成果。它表征着经验发展到了某一确定、成熟的阶段。教材属于经验的逻辑方面，它忽略了逻辑经验的产生过程，而只是将经验发展的结果呈现出来；它从事概括和整理工作，把已经取得的成果和成果产生的步骤脱离开来。经验的心理方面则是历史性的，它按照经验的实际发展过程来叙述经验，这个过程包含了各个有效的、成功的以及不确定的、迂回曲折的步骤。经验的心理方面代表了儿童与教材的关系。①

为了更形象地阐明经验的逻辑方面和心理方面及二者之间的关系，杜威以探险家的活动类比。一名探险家在一个陌生的地方披荆斩棘，竭力寻找道路，在探险过程中，他不停地做笔记。当他勘察完整个地区，他绘制了一张精美的地图。探险家做的笔记好比经验的心理方面，最终的成果——地图，则是经验的逻辑方面。经验的逻辑方面和心理方面是相互依存的。如果探险家没有探索出或多或

---

① DEWEY J. The child and the curriculum [M]. Mansfield Centre, CT: Martino Publishing, 2011: 25.

少意外的、迂回的道路，那么就没有那些事实来绘制完美的地图。如果没有将探险笔记整理、归纳为最终成果即地图，那么探险家的探索经历将被视为散乱的、偶然的个人生活。读者亦无法把这个探险家的旅程同其他探险家的类似漫游相互比较、印证，将已经知晓的同类事实联系起来考察而从中受益。

地图能很好地说明经验的逻辑方面对儿童的作用。地图尽管不能代替个人经验，不能代替实际的旅行，却是极其重要的：它是对过去零散经验的整理和总结。有了它，新的旅行家可以从别人的勘察结果中得到帮助，从而避免浪费不必要的精力，走无益的曲折道路。此外，它也是未来经验的向导，为新的旅行家在已知的基础上探索未知提供基础。

学科知识对儿童的作用也是如此。一门科目或一门学科逻辑、系统的材料，不能代替个人经验。尽管不能代替个人经验，我们称为一门学科或科目的东西，却将过去经验的最终成果以一种最合用的形式向人们展示出来，在各个方面节约了人的脑力劳动，在记忆、观察、推理等方面大有裨益：在被整理、抽象之前，事实是各种被拴在一起的偶然事件，经过筛选、组合、抽象之后，它们反映了普遍原理，从而更方便记忆；系统化、逻辑化的学科知识对观察具有指导作用，让人明确探索的目标与范畴；推理依赖于事实之间的逻辑关系，而不是从一个偶然联想到另一个偶然，学科知识之间的逻辑关系与人们的推理过程——思想沿着一条线索、道路前进，相互吻合而更易于推理。①

尽管学科知识“代表一种能立刻产生利息的资本。它在每个方面节约了脑力劳动”，② 但也应看到以下两点：第一，学科知识本身

---

① DEWEY J. The child and the curriculum [M]. Mansfield Centre, CT: Martino Publishing, 2011: 26-27.

② 同①27.

不是目的。学科知识对人的价值不在于知识本身，而在于它的立场、观点和方法。这意味着人们不应死记硬背学科知识，而应发现学科知识承载的价值立场，应理解各种观点，发现和掌握其中蕴含的各种方法，包括解决具体问题的方法、学习方法、思维方式等。第二，学科知识并不是已经完成了的东西，而是发展着的，是过去经验与未来经验之间的连接。当下的学科知识（经验的逻辑方面）是对过去偶然的、暂时的、绕了弯路的经验的总结和概括，也是未来更系统、更有控制力的经验的起点。学科知识是经验发展过程中的一个环节，它总结过去，启发未来。

杜威说："逻辑的与心理的并不是针锋相对的……从最广意义上来说，逻辑的立场本身便是心理的。"① 这可以从两方面来理解。

一方面，正如探险家的地图是对他在探险过程中遭遇到种种偶然的、具体经历的总结和概括，没有具体的、活生生的探险过程就没有地图的诞生。经验的逻辑方面是以经验的心理方面为基础，没有经验的心理方面，经验的逻辑方面就成了无源之水、无本之木。因而，从最广义的立场来说，逻辑的本身就是心理的。

另一方面，经验的逻辑方面，只表明经验发展到当下的成果，它并不是最终的结果，而是经验发展历程中的一个环节。杜威把经验的心理方面解释为"它是历史性的；它记录了实际采取的步骤，不确定的、曲折的和有效的、成功的步骤"。② 经验的逻辑方面代表了当下的最高水平，这个最高水平放到经验发展的历史长河中，亦不过是一个步骤。至于它是确定的还是不确定的，是一个迂回曲折还是一个进步，则要依靠实践来检验、证明或修正。

正如杜威在《儿童与课程》中描述的那样，儿童生活在他所能

---

① DEWEY J. The child and the curriculum [M]. Mansfield Centre, CT: Martino Publishing, 2011: 28-29.

② 同①25.

够接触到的狭窄的世界里，各种事物只有与自己、家庭或朋友的幸福相关时，才能进入他的经验。儿童的世界是一个具有他们个人兴趣的人的世界，而不是一个事实和规律的世界。儿童所关心的事物是他感兴趣的事物，凡是在他心目中最突出的东西，就暂时对他构成整个宇宙。一句话，儿童生活在属于自己的、有着鲜明个人特点的、完整的、统一的世界中。儿童的经验更多的是属于经验的心理方面，而学科知识则是逻辑的、系统的、抽象的。表面上看，学科知识与儿童的生长、儿童的生活、儿童的经验有着天壤之别，实际上，逻辑与心理的一致，说明了对经验加以系统化的成果即学科知识，并不必然与儿童的生长过程相对立。而它与儿童的生长过程究竟是和谐统一还是矛盾对立的，则取决于课程，即课程是在儿童的经验与学科知识之间架设桥梁，使之按照经验发展的心理和逻辑顺序，平稳过渡到学科知识，还是在儿童的经验与学科知识二元分裂、相互对立的前提下，做非此即彼的选择。

如何在儿童的经验与学科知识之间架设桥梁？如何实现儿童的经验向学科知识的平稳过渡？

杜威的回答是把“各科目的研究或各门学问恢复成经验。它必须恢复到被抽象之前的原来的经验。它需要心理化”。[①] 既然逻辑的与心理的是一致的，既然儿童经验的发展是逐步从心理走向逻辑的，且经验发展的历史与儿童经验生长的过程具有某种程度上的一致性，那么要使儿童的经验逐步走向学科知识，就须按照经验生长规律和经验发展的历程，既不超前也不滞后，逐步帮助儿童实现经验的生长。

为了“再现”经验发展的历史，使得它以一种符合儿童经验生长阶段的形式出现，课程必须对学科知识做“还原”处理。学科知

---

① DEWEY J. The child and the curriculum [M]. Mansfield Centre，CT：Martino Publishing，2011：29.

识是经验发展到当下的最高成果，是对经验心理方面的概括化、抽象化、系统化、逻辑化，“还原”就是要把学科知识恢复到被概括化、被抽象化、被系统化、被逻辑化之前的状态，让课程再现学科知识的演进过程。至于学科知识应被还原到什么程度，则取决于儿童的经验发展到什么程度。当学科知识被还原到与儿童的经验“接壤”的时候，即它既与儿童已有的经验相互关联，是与儿童生活相关的、儿童生长过程中的东西，又是对儿童经验的扩充和扩展，是儿童通过努力能够实现的生长，这种状态的学科知识就是适宜儿童的生长经验。假如课程能做到这一点，那么它既符合经验发展的逻辑顺序，又遵循儿童经验生长的心理规律，实现了儿童经验与学科知识的“无缝对接”。由此，课程的问题就转化为将学科知识做心理的还原，发现从儿童的经验到学科知识之间的各个步骤。

四、教材必须心理化

在论述了经验的逻辑方面与心理方面一致，学科知识必须进行心理还原之后，杜威讨论了有关教材的问题。学科或科目及其教材，对科学家和教师有着不同的意义，而这两种不同的意义，正是由于对经验的逻辑或心理方面的强调不同。

在科学家看来，教材代表一定的真理，它把与学科相关的各种不同部分归类，并联系事实加以印证，有助于科学家发现新的问题，开展新的研究工作，所获得的研究结果证实、证伪或发展一门学问。科学家关注的是学科之内的事实、原理、规律。

教师则与科学家不同，他既不关心所教科目新增的事实，也不对证实学说或提出新观点承担责任，他考虑的是科学的教材究竟代表了经验发展的哪个阶段或状态，该如何引导儿童使其有生动的亲身体验。作为教师，“他考虑的是如何把科目变成经验的一部分；在儿童的已有经验中，哪些是与之相关的、有用的东西；如何利用这些因素；如何用自己的学科知识来帮助解释儿童的需要和行动，并确定应为儿童提供怎样的环境，以使他的生长获得恰当的指导”。① 总之，教师考虑的不限于教材本身所涉及的学科知识，而是把教材作为经验发展过程中的一环，作为儿童生长经验的相关因素来考量，而当教师这样做的时候，他就是在将教材心理化了。

假如为儿童提供的教材和科学家使用的教材一样，只看到学科知识之间的逻辑联系，那么它与儿童现有的经验是断裂的、不相关的，教材就成为外在于儿童经验和生长过程的异己的东西。按照学科逻辑组织的教材，即便经过一些改变或修正，降低了难度，也只是解决了某些学习困难，它并没有真正转化为与儿童生活、儿童经验相关的东西，它只是“儿童当下生活的代替品或外部的附加物”。② 杜威认为，这不仅在理论上是危险的，实际上已经造成了问题。

杜威总结了外部提供的教材的三大弊病：

第一，它与儿童已经看到的、感觉到的和爱好的东西缺乏任何有机的联系，致使教材成为单纯的形式和符号，成为从外部强加在儿童头上僵死的、贫乏的东西。这些空洞的符号即便记忆得再多，也不等于获得了发展。如果算术、地理、语法等科目不能与儿童、儿童已有的经验、儿童的生活发生联系，它们就不能真正成为儿童自己的经验，而只能作为空洞的符号被记住，这非但无益于儿童的生长、发展，反而扼杀了儿童的学习兴趣，让学习变成了一件苦差事。

---

① DEWEY J. The child and the curriculum [M]. Mansfield Centre, CT: Martino Publishing, 2011: 30.

② 同①31.

杜威认为，形式和符号对人的意义和作用，不在于它自身，而在于它所代表的掌握和发现真理的方法，在于它的工具意义，即过去的研究成果为人们从已知领域延伸到未知领域的研究工作提供了基础和参考。需要说明的是，只有符号“代表并总结了个人已经经历过的实际经验时”,[①] 亦即符号与人的现实生活、实际经验相互联系的时候，它们才能实现其工具价值。对于教材来说，只有与儿童的生活、儿童的经验发生联系，才能为儿童所用，为儿童获得未来的经验提供指导。

第二，从外部提供的教材，造成儿童学习动机的缺乏。从外部提供的教材，与儿童的生活、经验、兴趣、需要等是互不相关、相互脱离的。面对这样的教材内容，儿童既难以产生精神上的需要，也没有过去的相关经验可以吸收和借鉴，因而难以产生内部的学习动机。在学习动机缺乏的情况下，儿童被动地接受教育，教育则成了外部力量压在儿童头上的枯燥任务，教学也不可避免地带有机械和死板的弊病。

有机和生动的教学符合儿童的精神需要，能让儿童主动与材料发生相互作用。要实现这一点，教材必须以儿童的生活为基础，以儿童已有的经验为依据，在儿童已有的经验中寻找新的“生长点”，为儿童提供与他们的经验相互关联的新经验，满足儿童的生长需要，激起儿童主动学习的愿望。

教材一旦脱离了儿童，必然造成儿童的学习动机缺乏、学习兴趣丧失、教育效率低下，同时也在伦理道德方面承担责任——儿童的教育应是人道的教育，即儿童有权按照他的生长规律健康发展，儿童的生长需要理应得到满足，儿童的兴趣、特点理应得到尊重，儿童有权享有幸福的童年。但教育却破坏了这一切：教育是外部强

---

① DEWEY J. The child and the curriculum [M]. Mansfield Centre, CT: Martino Publishing, 2011: 31.

加于儿童的东西，教材是成人从学科逻辑出发组织、编排的，教学是知识灌输的过程，这不仅没有对儿童的生长起到促进作用，反而是对儿童、童年的摧残。

第三，难以实现预期的目标。杜威说：“即便是用最合逻辑的形式组织安排的最科学的材料，当它从外部用现成的形式呈现给儿童的时候，就失去了这种特质。”① 按逻辑组织的教材，貌似高效、科学，各知识点之间的联系也很紧凑，假如认为把它们传授给儿童，就能使其高效地掌握学科知识，那就大错特错了。这种观点的错误在于，若想让按逻辑组织的教材被理解和吸收，就必须要求学习者有相应水平的逻辑思维能力，但是儿童的理解力、抽象归纳能力并没有发展到教材的相应水平，这就使得“按学科逻辑组织的教材更高效、更易于掌握”成为脱离儿童的空想，它的目标永远也不能实现。

在儿童感性的、鲜活的生活和经验面前，教材的逻辑价值被舍弃了：尽管教材把学科知识以逻辑的形式呈现给儿童，但是儿童并不能理解它的逻辑，而只是把它当作记忆的素材。于是，儿童既没有得到学科知识的逻辑性带来的好处，也没有体验到按自己固有能力理解新经验的成就感、满足感，更没有按照自身的发展规律获得逻辑思维的发展。

除了上述三大弊病以外，从外部提供的教材还带来了其他问题。尽管教材是从外部提供的，它却不能把儿童的心理因素全然撇开——它也试图在心理与教材之间建立连接，只不过，这种连接并非从教材本身与儿童心理的关系中产生，而是依靠外部力量强行把二者拴在一起。

如果教材提供的内容以儿童发展为依据，是儿童连续发展过程的一个环节，如果教材是在儿童自己过去所做、所想、所经历（即儿童

---

① DEWEY J. The child and the curriculum［M］. Mansfield Centre，CT：Martino Publishing，2011：33.

已有的经验）中产生的，且有助于儿童未来的发展，那么这种心理与教材之间的联系是内部的，是符合儿童的生长需要和心理特点的。

心理化的教材把自身放到了儿童的生活之中，它来源于儿童的生活，又有助于加深儿童对生活的理解，从而更好地生活，因而它本身是符合儿童兴趣的，它不需要为了引起所谓的兴趣而求助于各种外部策略和手段。

与此相反，从外部提供的教材本身与儿童、儿童的生活毫不相关，它的动机、目的也与儿童格格不入。由于内在联系的缺失，它不得不求助于外部力量，生硬地强加在儿童的生活、经验中，成为异己的存在。

有时，从外部提供的教材会利用一些外在于儿童生长的策略、手段，赋予自身某些心理上的意义，让自己披上了符合儿童心理的“外衣”，而实际上，这只是一个“障眼法”——教材并没有真正心理化。以下三种情况，就是教材用外部力量与儿童心理产生某种联系，让人产生“教材符合儿童心理”的错觉。

首先，重复出现的刺激可能增加人的反感程度，也可能使人因适应而减弱原有的厌恶之情。

杜威举例道，这就好像我们初戴上项链的时候，可能会有些许不适，等身体适应之后，不适就减轻甚至消失了。此时，一旦解下项链，反而可能会感到若有所失。这说明了由于习惯的作用，我们最终能接受最初不那么让人觉得舒适的事物。同样的道理，无意义而不愉快的活动，如果坚持下去，那么可能会让儿童产生好感。杜威说：“如果环境持续提供所需的一种类型的操作模式而排除其他的方式，那么大脑就有可能对常规或机械的程序产生兴趣。”① 因为人的这种心理特点——人会为适应环境而产生心理上的变化，所以教材的重

① DEWEY J. The child and the curriculum [M]. Mansfield Centre, CT: Martino Publishing, 2011: 35-36.

复训练和反复练习，会让儿童因适应而投入其中，让人产生了“儿童对此类东西有兴趣”的误解。

人需要做有价值的事，需要在发挥自己作用的过程中获得满足，这是心理的一般规律。假如环境没有给予人符合心理需要的刺激，可能的结果或是降低心理要求，或是寻求替代物以满足心理上获得成功感的需要。杜威指出：“心理的一般规律是在自己的运作中获得满足感，如果对心理来说，重要的、有意义的事被拒斥的话，它就会用留给它的其余的冠冕堂皇的活动来满足自己……生硬地理解符号和反复记忆的兴趣，在许多学生中，成为现实中原始的、重要兴趣的替代品……”① 外在于儿童生长过程、儿童经验的教材，虽不能提供真正符合儿童兴趣和生长需要的经验，却靠外部的强制力量灌输给儿童符合逻辑的学科知识。重复练习、机械训练，在儿童的心理需要得不到正确满足的情况下，扮演了替代物的角色，使儿童无可选择地对它们产生兴趣。

需要补充的是，“外部的强制力量”也是有限度的，假如它们超过了儿童所能承受的心理阈限，则非但不能使儿童产生替代性的兴趣，获得“教材适合儿童需要”的假象，反而会“形成学校所产生的不守秩序的和不符合社会要求的现象”。②

外部教材为与儿童心理发生联系而采用的第二种手段，杜威称之为“对照效果”。

何为“对照效果”？杜威解释说，如果材料本身不能使儿童产生兴趣，那就提供另一种更糟糕的经验给儿童。这些更糟糕的经验包括责骂、嘲讽、课后留校、扣分、留级等。儿童被迫在两种经验之间做非此即彼的选择。毫无疑问，相比较而言，儿童更愿意选择

---

① DEWEY J. The child and the curriculum [M]. Mansfield Centre, CT: Martino Publishing, 2011: 36.

② 杜威. 学校与社会·明日之学校 [M]. 赵祥麟，任钟印，吴志宏，译. 北京：人民教育出版社，1994: 132.

教材提供的经验。外部提供的教材采用灌输的方式，让儿童学习与他们生长、生活无关的死知识，这对儿童来说是“一害”；责骂、恐吓、体罚等是让儿童倍感恐惧的“另一害”。因儿童是柔弱无助的，他们依附于成人才能生存，较之强迫自己死记硬背，他们更恐惧的是成人对他们的惩罚，“两害相权取其轻”，儿童无可奈何地选择了认真学习外部提供的教材。因而，即便出现了儿童投入其中、认真学习的现象，也不代表教材一定适合儿童。

杜威指出，外部提供的教材所引起的兴趣，并不是真正从儿童内部产生的兴趣，它不过是“从兴趣的相反方面——恐惧，对身体、社会、个人的种种痛苦的厌恶引起的‘兴趣’。主题内容不具有吸引力；它不能吸引人；它既非源自生长经验，也无生长经验作为支撑。因而，对无数外部的不相干的东西来说，它们的吸引力在于，使人在遭受挫折并恢复的过程中，让不时游走的心灵重新回到材料中”。[①] 假如儿童不好好学习教材的内容，就有更严重的后果在等着他们，在更严重的后果的裹挟下，儿童被迫投入其中。然而，即便儿童记住了教材的内容，也只是在外力强迫下，拥有了零散的死知识，这既不是从儿童自己的经验内部生长出来的东西，也不利于儿童的生活，更不代表儿童获得了真正的发展。

对于教材是否符合了儿童的心理，不能仅凭表面现象就做出判断，而要真正从儿童、儿童的心理、儿童的生长规律出发，考察兴趣究竟来源于儿童的生长需要，还是一种外力强迫下的顺从。

第三，从外部提供的教材，按学科的逻辑而非儿童心理的逻辑组织和实施。

由于它与儿童心理、儿童经验之间的断裂，儿童缺乏内在的学习动机。为了让儿童更好地学习，外部提供的教材除了使用“对照

---

① DEWEY J. The child and the curriculum［M］. Mansfield Centre，CT：Martino Publishing，2011：37.

效果”胁迫儿童之外，还会用儿童喜闻乐见的方式、方法，传递相互割裂的学科知识。例如，用反复背诵的方法让儿童记住某个死知识，是枯燥的、低效的、易引起儿童反感的，但若改进一下方式、方法，把需要背诵的材料编成歌曲再配上一些舞蹈动作，儿童或许就能愉快地记住无用的死知识。尽管儿童在这一过程中是愉快的，甚至是主动参与的，但是“材料就其本身的特性而言，只是外部的选择和制定。依旧是那么多的地理、算术和语法学习，而没有那么多关于语言、地球和数量的实物的儿童的潜在经验”。[①] 材料的本质并没有丝毫变化，改变的只是记忆知识的方式而已。

采用符合儿童兴趣的方式、方法传递死知识，犹如用糖衣包裹着枯燥无味的材料，“让儿童在愉快地品尝某些完全不同的美味的同时，吞下并消化一口不可口的食物”。[②] 正如食物最终能不能被消化，能不能为身体提供营养，既取决于人的消化机能，也取决于食物本身的性质；教材能不能促进儿童的发展，既取决于儿童的生长能力，也取决于教材是不是满足了儿童的生长需要。外部提供的教材是儿童生长过程之外的东西，这就决定了它不管用什么样的手段、方法，都无法改变其与生俱来的缺陷。即便它依靠投机取巧的策略，取得一定的效果，也不能实现促进儿童生长的目的——儿童仅仅是记住了孤立的死知识，而不能真正理解和消化它们。

依靠外部手段，强行将教材与儿童心理联系起来，并不能真正解决儿童与教材之间相互割裂的问题。要解决这个问题，唯一的办法是教材必须心理化，必须“在儿童生活的范围内接受它、发展它”。[③] 当然，教材心理化的前提是正确认识儿童的经验与学科知识之间的关系，把学科知识还原成儿童生长、生活过程中的一部分，

---

① DEWEY J. The child and the curriculum [M]. Mansfield Centre, CT: Martino Publishing, 2011: 38.

② 同①.

③ 同①.

并按儿童心理的逻辑来组织材料。唯有如此，教材才能真正符合儿童的兴趣和生长需要。

在《儿童与课程》的结尾，杜威对儿童与课程的问题做了总结。杜威认为，在过去儿童与课程的争论中，存在着非此即彼、二元对立的两派：一派任由儿童在无指导的情况下自发地发展；另一派通过外部命令把按照学科逻辑组织的科目强加给儿童。这两派的观点都是错误的。错误的根源在于受二元分裂、非此即彼的思维方式的限制，人为地把儿童与课程相互对立，并各自支持其中一方而忽略另一方。其实，这两派都看不到还有其他的选择。

任何活动都是在一定情境中，与环境发生的相互作用，因而，脱离儿童生活、情境的经验，即便是真理，也不宜从儿童的生长、生活之外强加在儿童头上。儿童要获得经验的扩充和扩展，必须依靠“心灵自身在对呈现的事物做出反应时所经历的活动”，[①] 即儿童经验的获得离不开主体与环境的相互作用。这就要求教育为儿童经验的发展，为儿童的生长提供适宜的环境。教育者的职责不是用外力控制儿童以保证其获得学科知识，而是“决定儿童的环境，从而间接地指导他们”。[②]

构成科目的系统知识主要对教师而非儿童有价值，亦即系统知识的价值在于对教师的工作提供指导，而不是直接教给儿童。它们使教师明确儿童经验的生长目标和最终成果，并确定儿童的经验在“儿童的经验与学科知识构成的直线”上处于什么位置，进而考虑如何进行学科知识的还原，将教材心理化，创设环境使“他们的活动必然地向着这个方向、朝着他们自己的终点进行，让儿童的本性实现它自己的使命”。[③]

---

① DEWEY J. The child and the curriculum [M]. Mansfield Centre, CT: Martino Publishing, 2011: 39.

② 同①.

③ 同①.

第三章 《儿童与课程》的相关问题

《儿童与课程》中提到的儿童与课程、儿童经验与学科知识关系、学科知识心理化等论点，虽极具创造性和启发性，却也可能造成一些误解。故笔者提出四个与《儿童与课程》相关的问题，以期增进读者对杜威观点的理解。

一、关于“儿童中心”的问题

在《儿童与课程》中，杜威批判了“儿童中心派”，而杜威又常常被视为“儿童中心论者”，那么在杜威看来，儿童到底在教育中处于什么位置呢?

首先，学界对“儿童中心”含义的认识存在差异。在一些人看来，“儿童中心”与“社会中心”相对，讨论的是教育应满足谁的需要、应以谁为中心的问题。根据对这个问题的不同回答，人们常将教育学说或教育思想家分为三派。

第一派被称为“社会本位论”或“社会中心论”。该观点主张教育应满足社会的需要，课程的根本目的在于使受教育者掌握社会的知识和规范，从而使个体实现社会化，为社会服务。

第二派被称为“个人本位论”“儿童中心论”或“儿童本位论”。该观点主张课程应满足儿童的需要，课程应根据儿童的需要来制定。课程的根本目的在于发展儿童的本性和潜能，使儿童的本性和潜能得到最充分的发展。

第三派认为，不论是“儿童本位论”还是“社会本位论”，都存在哲学认识上的片面性。“儿童本位论”脱离现实的社会，从孤立的个体出发，抽象地谈论人的发展；“社会本位论”则没有考虑到人的主体性，单方面强调社会的需要，其结果也必然导致课程目标的偏差。所以课程应兼顾社会和儿童的需要，并把两者的需要协调统一起来，促使两者共同发展进步。

如果是在上述意义上使用“儿童中心”一词，那么杜威是不能被简单归入以上派别的。杜威是整体论者，他反对任何形式的二元分裂和对立。在《学校与社会》《明日之学校》等论著中，杜威秉持一以贯之的整体论哲学，阐述了儿童与社会的关系。他说：“我认为受教育的个人是社会的个人，而社会便是许多个人的有机结合。如果从儿童身上舍去社会的因素，我们便只剩下一个抽象的东西；如果我们从社会方面舍去个人的因素，我们便只剩下一个死板的，没有生命力的集体。”[①] 儿童与社会是一个整体，对于儿童来说，他既作为他自己而存在，也作为社会的一员而存在；对于社会来说，它的存在以个体的存在为前提。不管是脱离了社会的儿童，还是脱离了人的社会，在现实中都是不存在的，因而不能人为地将儿童的社会性剥离，不能人为地将社会的属人性质去除，不能人为地从二元对立的视角看待儿童与社会的关系。

杜威的观点与上述三派的观点均不相同。他反对人为的、二元对立的区分。他认为，在分裂的前提下，不管强调以哪一方为中心，都是错误的，同样，建立在分裂基础上的协调、兼顾也是错误的，尽管他们的具体主张都不能说是错误的——教育当然应促进个

① 杜威. 学校与社会·明日之学校［M］. 赵祥麟，任钟印，吴志宏，译. 北京：人民教育出版社，1994：5.

体的发展，应为社会培养合格的成员。

杜威认为，教育是生活的过程，学校是社会生活的一种方式，“社会机体以学校为它的器官”，[①] 个人的需要和社会的需要具有一致性。在整体论的视野下，教育并不是兼顾儿童和社会的需要，而是认为两者原本就是一个有机的整体。杜威的著名教育命题“教育即生长”与“教育是社会进步和社会改革的基本方法”[②] 具有一致性。在杜威看来，社会进步和社会改革的理想是民主主义，而民主的社会又是以人的发展为目的的，“社会只有致力于构成它的所有成员的圆满生长，才能尽自身的职责于万一”。[③]在《哲学的改造》中，杜威说道：“政治、实业、艺术、宗教和一切社会制度都有一个意义，一个目的。那个目的就是解放和发展个人的能力（不问其种族、性别、阶级或经济状况如何）。换句话说，他们的价值标准就是他们教育各个人使他达到他的可能性的极致的那个限界，也是一样。民主政治是有许多意义的，但如果它有一个道德的意义，那么这个意义在于‘一切政治制度和实业组织的最高标准，应当对社会每个成员的完满生长有贡献’。”[④] 由此可见，民主社会是个人得到全面发展的社会，是人的需要得到最好满足的社会，是以每个个体的健康生长、发展，每个人的潜能得到最大限度发挥为目标的社会。在民主的“旗帜”下，因为价值取向的一致性，儿童的需要与社会的需要重新回到了整体状态：生长发展是儿童的需要，也是社会的需要；成为民主社会的合格成员是儿童的需要，也是社会的需要。儿童和社会是分析教育满足需要问题的两个视角。在教育过程中，儿童的需要和社会的需要并非两种或彼此对立或协调兼顾的需要。

---

① 杜威. 学校与社会·明日之学校［M］. 赵祥麟，任钟印，吴志宏，译. 北京：人民教育出版社，1994：15.

② 同①.

③ 同①27.

④ 杜威. 哲学的改造［M］. 许崇清，译. 北京：商务印书馆，1997：100.

杜威之所以会被认为是“儿童中心论者”，与他在《学校与社会》中写下的一段话不无关系。他说：“现在我们的教育中正在发生的一种变革是重心的转移。这是一种变革，一场革命，一场和哥白尼把天体的中心从地球转到太阳那样的革命。在这种情况下，儿童变成了太阳，教育的各种措施围绕着这个中心旋转，儿童是中心，教育的各种措施围绕着他们而组织起来。”① 这是杜威在批判旧教育的基础上，提出的教育观念的彻底变革。在传统的教育观看来，知识是关于外部世界的客观认识，将知识按照自身的逻辑按部就班地传授给儿童，就能让儿童获得关于客观世界的科学认识。在这样的教育中，知识是中心，各种教育措施皆围绕如何有效地传授知识而设计，精心地选择知识、科学地编排知识、有效地传授知识，是课程要解决的核心问题。杜威反对传统教育把知识当作目的，反对从外部强制向儿童灌输知识，反对死记硬背的方法，主张从儿童生活和发展水平出发，以儿童已有的经验为基础，将学科知识心理化，让儿童从生活中、从亲自体验和亲手“做”中，逐步实现经验的深化和扩展。在该过程中，儿童的生长需要是教育的基本出发点，儿童的心理规律是课程制定的依据，儿童的主动活动是课程实施的方法，儿童经验的增长是课程的最终目标，所以“儿童是中心”，教育的各种措施都应围绕这个中心。

这里的“儿童中心”，显然与前文（与“社会中心”相对应的“儿童中心”）有着不同的内涵——它是从尊重儿童、尊重儿童的生长规律、课程应心理化的角度来说的。假如在这层意义上理解，杜威当然可算是“儿童中心论者”。况且，如果所谓的“儿童中心”是这层含义的话，这非但没有什么不妥，反而恰是教育应追求的目标。它使被传统教育忽视的“儿童”获得了应有的地位，让童年的

---

① 杜威. 学校与社会·明日之学校［M］. 赵祥麟，任钟印，吴志宏，译. 北京：人民教育出版社，1994：44.

价值得到了发现和认可，也让教育真正地变得科学——作为培养人的活动，教育就应按照人的规律进行。只有尊重人的发展规律，教育才能成为一门科学。

关于“儿童中心”的问题，杜威本人也曾有提及。他在《芝加哥实验的理论》中指出，与实验学校开办以来，许多参观者认为实验学校是“儿童中心”的印象相反，实验学校把社会方面的教育放在第一位，在意图上是“社会中心”的。[①] 有学者对此解释道：“在这里，‘儿童中心’和‘社会中心’交错在一起，似十分矛盾。不过在杜威的心目中，‘儿童中心’是就心理的因素，也即就方法论来说的，‘社会中心’是就社会的因素，也即就目的论来说的。”[②]这是有一定道理的。需要强调的是，杜威所谓的“社会中心”，并不与个人的发展相对立。杜威的社会理想是民主主义，而民主社会又是以人的发展为目的的社会。在民主社会，人与社会的发展是和谐统一的。

一些学者以“儿童中心”的名义批判杜威，认为他过度强调了儿童的地位，是对儿童的放任自流，他忽视必要的学科知识的传授，忽视社会的需要等。这既是对杜威彻底的误解，也表明他们仍留在二元对立的老路上——他们尚未能够理解，整体论者杜威早已消解了儿童与社会、儿童的经验与学科知识之间的二元分裂与对立。既然它们之间不是分裂、对立的关系，那自然也就不存在“关注了一方就必然是对另一方的否定”这样的说法了。

---

① 吕达，刘立德，邹海燕．杜威教育文集（第五卷）［M］．北京：人民教育出版社，2005：288．

② 杜威．学校与社会·明日之学校［M］．赵祥麟，任钟印，吴志宏，译．北京：人民教育出版社，1994：译者前言 7．

二、教育的目标问题

如果如杜威所说，学科知识是终点、目的和最后的结果，这是否说明教育最终是奔着学科知识而去的，只不过这个过程须尊重儿童心理的发展规律，须按照儿童经验发展的步骤做学科知识的还原？

杜威认为，教育是生活的需要，“教育在它最广的意义上就是生活的延续”，而生活就是“个体的和种族的全部经验”，[①] 所以教育来自经验。

尽管教育来自经验，但并非一切经验都具有真正的或同样的教育性质，因而不能直接把经验和教育等同起来。经验有好坏之分，有些经验具有错误的教育作用——“任何对经验的继续生长有阻碍或歪曲作用的经验，都具有错误的教育作用”，[②] 教育的作用就是扩展有益的经验，改造有害的经验，从而促进儿童的生长。教育就是“经验的改造或改组。这种改造或改组，既能增加经验的意义，又能提高指导后来经验进程的能力。”[③]

杜威用“经验”来诠释“生活”，又用“生活”和“经验”来诠释“教育”，还引入生物学中“生长”的概念，认为生长是自然的过程，是有机体与环境相互作用下“朝着后来结果的行动的累积运动”。[④] 生长是生活的特征，杜威说：“生活就是发展；不断发展，

---

① 杜威. 民主主义与教育［M］. 王承绪，译. 北京：人民教育出版社，2001：7.

② 杜威. 我们怎样思维·经验与教育［M］. 姜文闵，译. 北京：人民教育出版社，2004：248.

③ 同①87.

④ 同①49.

不断生长，就是生活。”[①]由于生活就是生长，人的形成与发展是原始和本能生长的过程；由于生长是生活的特征，教育就是生活，所以教育的过程是一个不断生长的过程，在生长的每个阶段，都以增加生长的能力为其目的。[②] 杜威提出了“教育即生长”的观点，认为生长“不仅指身体的生长，而且指智力和道德的生长”，[③] 儿童的生长必然表现为身体、知识、智力、情感、道德等方面的生长，而这些方面皆包括在“经验”一词中。正如前文提到的，杜威的经验是个有双层含义的词，既指作为经验主体的人，又指被经验到的客体；既包括经验的过程，又包括经验的结果；既有主动的体验、尝试，又有被动的经历、遭受。儿童的生长就表现为经验的生长。至此，“生活”“生长”“经验”和“教育”就有了内在的关联性和统一性。[④]

就儿童的经验与学科知识的关系而言，儿童的经验中包含了学科知识的萌芽，在教育提供的适当环境的促进下，在课程架构的“桥梁”的帮助下，儿童的经验能逐渐生长成为学科知识。就学科知识与儿童生长的关系而言，学科知识是生长经验的重要组成部分，但非全部的生长经验，学科知识也不能直接按照自身的逻辑教给儿童，它需要被心理化，需要经过“经验的还原”处理。很显然，杜威所谓学科知识是终点、目的和最终结果，是从儿童的经验与学科知识关系的角度来说的，这并不意味着学科知识就是教育的全部追求。

假如从学科知识与课程的关系来看，课程的最终目的不是让儿童获得学科知识，而是让儿童生长发展，让儿童实现经验的深化和

---

① 杜威. 民主主义与教育［M］. 王承绪，译. 北京：人民教育出版社，2001：58.

② 同①63.

③ 杜威. 我们怎样思维·经验与教育［M］. 姜文闵，译. 北京：人民教育出版社，2004：256.

④ 蒋雅俊. 课程哲学：儿童、经验与课程［M］. 北京：人民教育出版社，2015：80.

扩展。不可否认，生长需要学科知识，但生长也需要更广泛的经验。

一方面，教育应让人有智慧，而不仅仅让人有知识。正如杜威在《我们怎样思维》中提到："知识仅仅是已经获得并储存起来的学问；而智慧则是运用学问去指导改善生活的各种能力。"① 智慧与知识的重要区别在于智慧需要依靠反省思维，即用理智指导行动的能力。知识则是孤立的、单个的信息，它的作用在于为反省思维提供材料。杜威说："我们可以反对把过去的知识当作教育的目的，而仅仅把过去的知识当作工具来强调它的重要性。"② 这就是说，教育不应为了追求学科知识而追求学科知识，知识本身不是目的，儿童的生长才是目的。儿童的生长需要知识，但学科知识只有真正被儿童内化、吸收，成为他自己的经验，才对儿童的生长具有促进作用，仅仅是记住死知识，并不能实现生长。

另一方面，通过学科知识的还原，儿童逐步获得了理智方面的经验，但课程还包含情感、道德、社会性等多方面的经验，这些经验是否也有相对应的学科知识，以及课程应如何帮助儿童实现这些经验的深化与扩展，这在《儿童与课程》中未有论及。尽管如此，应当看到，学科知识是儿童重要的生长经验，这在杜威的整体经验哲学视野中，对儿童的经验与学科知识关系的解释，以及将学科知识作"经验还原"等观点，具有重要的启发意义。

三、课程经验的选择问题

学科知识都能被还原到与儿童的经验相互联系的水平，但这不

---

① 杜威. 我们怎样思维·经验与教育 [M]. 姜文闵，译. 北京：人民教育出版社，2004：60.

② 同①247.

意味着学科知识都应进入课程。符合儿童的生长需要和发展水平，是筛选经验的条件。这个条件是宽泛的原则，在更为具体的层面，什么样的经验才能进入课程呢？

在《经验与教育》中，杜威具体谈到了经验的标准问题。杜威认为，尽管一切教育都来自于经验，但是这并不意味着一切经验都具有真正的或同样的教育性质。好的经验具有教育价值，坏的经验则对生长起破坏作用，因此不能把经验和教育直接等同，而必须考虑经验的筛选问题。杜威提出了课程经验应具备的两大原则：

第一，经验的连续性原则。杜威认为，单独地看，有一些经验本身也许是令人愉快的，甚至是令人兴奋的，尽管如此，它们相互之间却是断裂的、毫无关联的，经验之间的不连贯性可能使人们形成不自然的、分散的、割裂的和离心的习惯。这些习惯所带来的后果是使人们没有能力去控制未来的经验，因而追求这种类型的经验是对时间和精力的浪费——它们没有教育的意义。

杜威说："以经验为基础的教育，其中心问题是从各种现时经验中选择那种在后来的经验中能够丰满而具有创造性的生活的经验。"① 这就意味着课程经验不能是割裂的、相互分离的，而必须是连续的、相互关联的。"经验的连续性原则意味着，每种经验既从过去经验中采纳了某些东西，同时又以某种方式改变未来经验的性质。"② 有教育价值的经验，既是从儿童的经验中生发、深化出来的，又对未来的经验有启发意义；它既建立在儿童已有经验的基础之上，又能引起儿童的活动兴趣，促使儿童渴望获得未来的经验。倘若经验不具有连续性，那么它就像一个孤立存在的"单子"，既脱离儿童生活，是儿童经验之外的东西，又无法从中"生长"出新

① 杜威. 我们怎样思维·经验与教育 [M]. 姜文闵，译. 北京：人民教育出版社，2004：250.

② 同①256.

经验，是没有生命力的东西，追求这种类型的经验就是一种浪费。

第二，交互作用原则。经验的产生既非源于主体，也非源于客体，而是主体与环境交互作用的过程与结果。任何经验的产生都离不开主体与外部环境的交互作用。假如离开了交互作用，离开了主体与外界环境的联系与互动，环境变成了主体之外的、不相干的客观存在，主体也就沦为故步自封、发展停滞的个体。

杜威指出，传统教育的弊病不是在于它强调控制经验的外部条件，而是在于它忽视了产生经验的内在因素，即作为主体的人。杜威说："一种经验往往是个人和当时形成他的环境之间发生作用的产物……环境就是那些同个人的需要、愿望、目的和能力发生交互作用，以创造经验的种种情况。"① 假如要促使儿童获得经验的扩充和扩展，教育就应提供适宜的外部环境。"适宜"意味着环境能够引起与儿童之间的交互作用，而要实现这一点，环境就必须与儿童的需要、愿望、目的和能力发生联系——它既符合儿童的生长需要、心理特点和发展阶段，又符合儿童的兴趣，是对儿童生活经验的深化和扩展。

杜威认为，连续性原则和交互作用原则彼此不是分开的，而是相互交叉、相互联合的，它们是经验的经和纬，彼此积极生动的结合是衡量经验的教育意义和教育价值的标准。② 杜威指出，各种不同情境相继发生，因为有了连续性原则，可以使先前情境中的某些东西传递到以后的情境中去，这使得一个人在一种情境中学到的知识和技能，可以变为有效理解和处理后来情境的工具。如此一来，经验与经验之间环环相扣、相互关联，人的生长就成为一个连续的过程。杜威说："只有当相继出现的经验彼此结合一起的时候，才

① 杜威. 我们怎样思维·经验与教育［M］. 姜文闵，译. 北京：人民教育出版社，2004：262.

② 同①.

能存在充分完整的人格。只有建立起各种事物联结在一起的世界，才能形成完整的人格。”① 如果经验之间缺乏连续性，那么人获得的将是一个四分五裂的世界，一个各部分、各方面不能一致结合的世界，而这个世界将导致人格的分裂。

“交互作用的原则清楚地表明：教材若不适应个人的需要和能力，可以使经验丧失教育作用，同样，个人若不适应教材，也会使经验丧失教育作用。”② 教材若不围绕儿童的生活、兴趣和已有的经验来组织，若不从儿童出发，以儿童的生长为目的，而是脱离了儿童，变成外部的强加，那么即便设计得再精致，也没有教育的价值和意义——经验是有机体与环境交互作用的产物。之所以能够产生交互作用，是因为环境满足了有机体的需要并符合其发展规律和水平。

需要再次强调的是，教材围绕儿童组织，并非对学科知识的否定和抛弃，用杜威的话说，只有非此即彼的哲学才会这么认为。杜威关于儿童的经验与学科知识的关系已经清楚地说明了这一点。

在讨论经验的连续性和交互作用原则时，杜威特别澄清了连续性原则可能遭到的误解：既然教育过程的每个阶段都要顾及未来的情况，那么学生获得知识、技能就是为未来的需要和环境做准备。杜威认为，在某种意义上，每种经验都应提供某些东西，使人做好准备去获得未来的更深刻、更广泛的经验。这正是经验生长、经验的连续性和经验改造的内涵。

虽然当下的经验能启发未来的经验，当下的经验也确实是为未来做准备，但是“为未来做准备”却不是教育的目的，即并不是为了准备未来才接受教育的，当下存在的意义不在于准备未来。杜威

---

① 杜威. 我们怎样思维·经验与教育［M］. 姜文闵，译. 北京：人民教育出版社，2004：262.

② 同①264.

说："把教育看作为将来作预备，错误不在强调为未来的需要作预备，而在把预备将来作为现在努力的主要动力。"[①] 如果错把预备当作了目的，那么就可能忽视当下的发展需要，为了所谓的未来而牺牲当下种种有潜力的发展。杜威指出，教育是一个连续不断的生长过程，在生长的每个阶段，都以增加生长的能力为其目的。[②]

当下与未来并不是二元对立的，而是同一个连续的生长过程。一方面，只有很好地满足了当下的发展需要，才能够导向好的未来；另一方面，对未来最好的准备，就是每一个阶段都获得健康发展。因而，"教育即生长或成熟，应当是一种永远现时的过程。"[③]

四、杜威与布鲁纳的思想差异问题

杜威认为，学科知识与儿童的经验之间并不存在不可逾越的鸿沟，学科知识与儿童的经验就如一条直线上的起点和终点，这是否意味着任何学科知识只要经过经验的还原都能被传递给儿童呢？如果答案是肯定的，那么杜威与布鲁纳（Jerome Brunner）的主张——只要经过适当的处理，任何的知识都能教给任何年龄的儿童——是否有异曲同工之处呢？

杜威认为，"不同的学科本身——算术、几何、语言、植物学等等——就是各种各样的经验。它们是前人努力和成功的结果，代代相传而积累起来。普通学校的这些科目，不是仅仅作为一种积累，不是作为一种零碎经验的大杂烩，而是以一些有组织的方式提出来的。因此，儿童的日常经验，他的一天天的生活，以及学校课

① 杜威. 民主主义与教育［M］. 王承绪，译. 北京：人民教育出版社，2001：65.

② 同①63.

③ 杜威. 我们怎样思维·经验与教育［M］. 姜文闵，译. 北京：人民教育出版社，2004：266.

堂的教材，都是同一事物的各个部分；它们是人类生活的第一步和最后一步。把这两者相对立，就是把同一个正在生长的生命的婴儿时期与成年时期相对立；把同一种力的运动方向与其最终的结局相对立；也就是要使儿童的本性与其将来的命运彼此发生冲突。”① 学科知识与儿童的经验都是整体经验的组成部分。追溯学科知识的历史，它是由粗糙的生活经验发展而来的，亦即从粗糙的生活经验到学科知识，构成了经验发展的历史。儿童已有的经验已经包含学科知识的萌芽，它们必然能够在经验发展的历史中，找到自己的位置。一旦确定了儿童的经验所处的位置，便以此为起点，沿着经验发展的历史走下去，就能走向学科知识。因而，还原学科知识的发展过程，把它们回溯到儿童已有经验的水平，便是课程要解决的重要问题。按照杜威的观点，所有的学科知识应该都可以被还原到儿童的经验层面。

然而，即便学科知识能够被还原到儿童的经验水平，也不代表它们都应被还原到儿童的经验水平，而成为儿童的学习内容。通俗地说，“能教”并不代表“应教”。至于到底应不应帮助儿童去获得某些经验，则由教育目的、教育的基本价值观念决定。假如认为教育应尽可能多地让儿童获得知识，那么尽可能多地将学科知识还原，便是课程的根本任务；假如认为教育的价值在于儿童的发展，那么课程就有着不同的面貌。尽管存在某些相似性，但杜威与布鲁纳的教育理念却有着本质的不同：前者的目的在于儿童的生长，后者的目的在于获得知识。

杜威说：“我们探索教育目的时，并不要到教育过程以外去寻找一个目的，使教育服从这个目的。”② 教育的目的在教育的过程之

① 杜威. 学校与社会·明日之学校［M］. 赵祥麟，任钟印，吴志宏，译. 北京：人民教育出版社，1994：260.

② 杜威. 民主主义与教育［M］. 王承绪，译. 北京：人民教育出版社，2001：111.

内。教育就是生活，而“生活就是发展；不断发展，不断生长，就是生活。”[①] 因此，教育就是生长，教育必须满足儿童的生长需要，在生长的每个阶段，都以增加儿童的生长能力为目的。[②] 儿童的生长和发展依赖经验的扩充与扩展。生长的过程就是有机体生命活动的过程。正如静止和停滞不是生长，儿童要获得生长和发展离不开活动，离不开与外界环境的相互作用，故儿童的生长和发展总是表现为经验的生长和发展，儿童的生长和发展总是通过经验的生长和发展来达成的。正因为如此，教育不是把成人积累的知识强加于儿童的过程，不是灌输、强迫、压制的过程，而是儿童内在的生长能力展开的过程，是提供适宜的外部环境“让儿童的本性实现它自己的使命”[③] 的过程。

在杜威看来，儿童和儿童的生长发展是课程的目的。课程应在儿童已有经验的基础上，寻找新的生长点，让儿童在经验中，在情绪、情感的体验中，在手脑并用的活动中，在主动参与中，获得与已有的经验相互联系着的新经验，从而实现经验的深化与扩展，亦即实现生长和发展。需要指出的是，生长的内容是多方面的。杜威说：“生长，或者发展着的生长，不仅指身体的生长，而且指智力和道德的生长。”[④] 儿童的生长表现为身体、智力、知识、道德、情感等多方面的生长。教育的目的是生长，但教育的目的却不是身体、智力、知识、道德或情感等既定的生长结果，而是生长的过程本身。教育的意义和价值存在于促进儿童生长的过程中、在经验改组和改造的过程中。

---

① 杜威. 民主主义与教育［M］. 王承绪，译. 北京：人民教育出版社，2001：58.

② 同①63.

③ DEWEY J. The child and the curriculum［M］. Mansfield Centre，CT：Martino Publishing，2011：39.

④ 杜威. 我们怎样思维·经验与教育［M］. 姜文闵，译. 北京：人民教育出版社，2004：256.

与静默的知识相比，经验并不是外在于儿童的，等着儿童去背诵和记忆，与儿童的世界、生活相脱离的东西，而是儿童与环境相互作用、主动建构的过程与结果。儿童是经验的主体，离开了儿童的活动，就不能获得经验。与被动地接受知识不同，在经验课程中，儿童是主动活动者，儿童在主动活动中获得经验的扩充与扩展，在经验的扩充与扩展中实现生长和发展。杜威的“教育即生长”“教育即生活”“教育即经验的改组和改造”等论点，肯定了儿童的价值，关注了儿童的生长需要。儿童从被动接受者变成了主动活动者、建构者，而课程关怀和追求的中心，也从外在于儿童的知识，转移到了儿童身上。

布鲁纳是美国著名结构心理学家，学科中心课程的倡导者。布鲁纳的教育观念与其所处的时代背景密不可分。1957 年，苏联第一颗人造卫星的成功发射，震撼了以美国为首的西方世界。人们认识到国家之间的竞争取决于人才，而人才的培养取决于教育。于是，各个国家都致力于改革教育、提高教育质量，以求尽可能早、尽可能快地培养出科技人才。怎样培养出科技人才？当时得出的答案是教给学生系统化的学科知识。布鲁纳认为，教育的目标是传授知识并开发智力技能。知识是人们对客观世界的主观构造，知识是有结构的。课程应根据学生的认知结构，按照一定的顺序，让学生掌握学科的结构。在布鲁纳的领导下，20 世纪 50 年代末到 60 年代末，美国掀起了一场课程改革运动，一种新的课程类型——学术中心课程应运而生了。学术中心课程，顾名思义就是以学术领域为核心开发的课程。它强调学科结构性，强调让学生获得系统的、专门的学科知识。

20 世纪 60 年代末，人们对布鲁纳思想指导下的学术中心课程怨声载道，课程遭到了抵制，耗费了巨资开发出来的课程形同虚设。在幼儿园是什么情况呢？据记载，太多的幼儿园教师迫于压力，不得不教幼儿数数、识字，并用标准化的测验来考幼儿。在一些幼儿园，幼儿不只是在幼儿园要做作业，回家后还要做家庭作业。学业负担沉重，小学化倾向明显。实践证明，学术中心课程不符合儿童的需要，不利于人的发展，因而遭到了批判和废弃。

“任何科目都能够按照某种正确的方式教授给任何年龄段的任何儿童。”这是布鲁纳广为人知的名言。在1977年为《教育过程》再版所写的序言中，布鲁纳对这个观点做出了解释。布鲁纳说，在过去的半个世纪里，知识的发展是如此之快，以至于任何有思想的人，特别是对教育感兴趣的人，不得不寻求新的方法向新的一代传授高速增长、浩如烟海的知识。如果我们的目标是传授知识并开发智力技能的话，那么就应以教授基本原理、基础公理和普遍性为重点。“为达到这样的目标而制定的计划采用‘螺旋式课程’的形式。我们使用学生可以理解的方式去处理知识，让这些学生通过他既已掌握的思维方式，或者比如说借助他以前做不到而现在可以整合的那些惯常思维方式来理解知识。我们可以从某一点，即学生的原有水平出发。我们也可以从学生准备开始其学习之旅的任何时间开始。正是本着这种精神，我提出：‘任何科目都能够按照某种正确的方式教授给任何年龄段的任何儿童。’”①

比较杜威和布鲁纳的观点，可以看到，杜威反对按照成人的意愿，而非儿童的需要；反对按照学科的逻辑，而非儿童心理的逻辑；反对脱离儿童生活的、相互割裂的，而非与儿童生活相关的、相互联系的；反对超越儿童的发展阶段和认识水平，而非遵循儿童的身心规律；反对死记硬背，而非主动活动、主动探究的；反对外在于儿童、脱离儿童的知识。知识本身不是课程的目的，儿童才是。知识唯有与儿童发生联系的时候，才能成为课程的内容。这种

---

① 布鲁纳. 布鲁纳教育文化观［M］. 宋文里，黄小鹏，译. 北京：首都师范大学出版社，2011：13.

联系或与儿童的兴趣、需要相关，或与儿童的生活相关，或与儿童已有的经验相关，或与儿童的主动活动相关。而能够与儿童发生联系的知识，就不再是外在于儿童的冰冷的、僵死的、只属于那个客观世界的东西，它就成为儿童经验的一部分。[①] 布鲁纳则把掌握知识放在了教育的中心，研究儿童的认知结构和知识的学科结构，最终是为了让儿童掌握知识，并使他们在理解的基础上，灵活运用，从而变得有智慧。

① 蒋雅俊. 课程哲学：儿童、经验与课程［M］. 北京：人民教育出版社，2015：97.

第四章　关于《儿童与课程》的不同声音

《儿童与课程》写于1902年，适逢美国社会转型的重要时期，是进步主义教育思潮中的一块瑰宝。

杜威的课程思想具有独创性。一方面，他反对传统的教育，批判其只关注知识的灌输，妄图用客观知识来取代儿童感性的、鲜活的、丰富多彩的世界，破坏儿童的生长。另一方面，他反对极端的“儿童中心”教育，认为假如课程完全根据儿童的喜好和偶发的兴趣来组织，那么则是对儿童的放任自流。

与折中观点不同的是，杜威对二者皆予以了彻底的否定。他反对任何形式的二元分裂与对立，在全新的、整体的经验哲学视野中，解读儿童与课程的关系；他消解了儿童与课程、儿童的经验与学科知识之间的对立，把关注的焦点从儿童与课程之间非此即彼的无谓争论中，转移到了真正要解决的问题上。一方面，应以儿童已有的经验为基础，发现其中包含的学科知识的萌芽，并以此为生长点，考虑经验的深化和扩展问题；另一方面，将学科知识心理化为儿童的经验，即回溯学科知识被抽象、被系统化的过程，这个过程中的某一步骤必然与儿童已有的经验相互关联，而学科知识在哪个发展阶段与儿童的经验相关联，就应被还原到此阶段。由于儿童经验的生长轨迹与学科知识的发展历史属于同一个过程，所以教育对儿童的指导，就不应是从外部强加的命令。指导的问题就是对儿童的本能和冲动选择适当刺激的问题，就是把生活过程解放出来，使它最充分地实现自己。①

上述《儿童与课程》的核心观点对于课程理论与实践具有启发意义，同时也存在进一步探讨的空间。

一、关于二元论问题的不同声音

试图恢复到二元论之前的整体状态是杜威哲学的显著特征，也是《儿童与课程》的思想基础。《儿童与课程》的一个鲜明特点是强调儿童与课程，以及儿童的经验与学科知识之间的整体性、连续性、一致性。杜威把理论上的分歧归结为二元论带来的分裂的结果。二元论的双方各支持一方，矛盾和争端因此产生，而实际上，争论的前提即二元论是错误的——它把原本是一个整体的世界人为地割裂开来。

美国学者菲利普斯（Denis Phillips）对此持不同看法。菲利普斯认为，产生争议的原因有很多，二元论是一部分争议产生的根源，但并不是所有的争议都是由二元论导致的。一句话，争议的种类比二元论导致的争议要多得多。②

菲利普斯的观点不无道理。杜威试图通过消解二元论来解决争端，但并不是所有的争端都与二元论有关，也并不是所有的争端都能达成一致。譬如，由价值观念的差异造成的争端就不是通过消解二元论可以解决的。

以中世纪的教育为例。中世纪宗教压迫下的人性观坚定地宣称：人是生而有罪，必须从出生之日起就承受苦难，才能获

① DEWEY J. The child and the curriculum [M]. Mansfield Centre, CT: Martino Publishing, 2011: 23-24.

② PHILLIPS D C. John Dewey's the child and the curriculum: a century later [J]. The Elementary School Journal, 1988, 98 (5): 403-414.

得救赎。在这种人性观的指导下，教育成为儿童“承受苦难”以“获得救赎”的过程和途径。为了消除儿童身上的原罪，教会学校让儿童在肉体上受到多种折磨，在心灵上虔诚信仰上帝，以帮助其得到纯洁的灵魂，以便死后升入天国。体罚是教会学校帮助儿童脱罪和修行的一种方法。只要学业不良、违反纪律，或出现微小的错误，儿童都会遭到鞭笞。据记载，教会学校的纪律十分严酷，体罚盛行，僧侣反复进行禁欲主义的说教，还实行斋戒和频繁的祈祷。[①] 很显然，中世纪与近现代格格不入的儿童观、教育观，并不是二元论造成的，而是特定文化背景下形成的特殊价值观念。

菲利普斯指出，受黑格尔的影响，杜威认为，世界是一个完整的、有机的、相互联系着的整体，而非四分五裂的一盘散沙。为了更好地认识世界，为了有助于思考和分析问题，人们做了身体和心灵、内在和外在、思想和行动、理论和实践等方面的区分。做这样的区分，原是思考问题的一种方法、手段和工具，却被人们错误地当成了自然的本来面目，所造成的结果是错误地认识了自然。针对这一观点，菲利普斯提出了不同的意见。他认为，很多二元对立的区分确如杜威所言，是人为的而不是自在的，并且有些区分非但没有帮助人们更好地思考问题，反而造成了混乱。但是，也有一些区分反映了自然界中实质上存在的分歧。菲利普斯说：“我持有一种（与杜威）相对立的形而上学的观点——即，我们的一些区分真实地反映了自然中实际存在的分类。根据这样的观点，自然界中有自然存在的种类。与许多当代哲学家一样，与杜威和黑格尔相反，我支持这样的观点：自然内在地存在着断裂，这使我认为，并不是所

① 杨汉麟，周采. 外国幼儿教育史［M］. 南宁：广西教育出版社，2001：87-88.

有的二元论都应当、都可以按杜威的方式去消解。”[①]

菲利普斯的上述观点为我们进一步思考问题提供了线索：是不是所有的争端都能够被解决？二元论究竟是自然的真实反映还是人为的区分？二元论中有没有真实反映自然的部分？杜威试图通过消解二元论来解决所有争端，是否对解决复杂世界中的复杂问题过于乐观？

二、波普尔知识观的启示

“经验”是杜威消解二元论的切入点。通过重构经验的概念，杜威将主体与客体、主观与客观、经验与理性等重新联合到一起。在整体经验哲学的视野中，儿童的经验与学科知识之间不再具有不可逾越的鸿沟，而成为连续过程中的起点和终点。学科知识是由粗浅的生活经验逐步抽象、概括、系统化而来的；儿童的经验中，已经包含了学科知识的萌芽。儿童经验的发展过程与学科知识的“进化”过程具有一致性。当把现有的学科知识“还原”到儿童的经验水平，重演知识学科化的过程时，儿童的经验就能够在符合儿童生长需要和规律的前提下，平稳地向学科知识发展。

假如真的能够按照杜威的想法，构建儿童的经验与学科知识之间的各个中间步骤，并且根据杜威对儿童与课程关系的论述，这些中间步骤必定能够既符合儿童的生长需要和心理规律又符合学科发展的逻辑，那么，课程的难题就迎刃而解了。然而，实际情况却远比这复杂，发现各个中间步骤，让儿童的经验、儿童的生活与学科知识“无缝对接”是困难的。为什么会造成这种情况？这首先要从

---

① PHILLIPS D C. John Dewey's the child and the curriculum: a century later [J]. The Elementary School Journal, 1998, 98 (5): 403-414.

杜威的实用主义知识论说起。

知识起源于生活难题的解决。杜威说："如果人们看一看知识的发展史，他们就会明白人们在最初之所以试图去有所认知，那是因为他们为了生活而不得不如此。"① 生活面临着方方面面的难题和诸多的不确定性，为了规避风险，获得安全，人们期望获得确定无疑的知识，这导致了古典哲学走上了寻求确定性的弯路，而知识也变成了脱离生活的、形而上的、空洞抽象的东西。这非但无助于生活难题的解决，反而导致了主体与客体、经验与知识、人与自然等之间的二元分裂与对立。

在传统的知识观看来，心灵"用一套本身完善的力量去进行认知"，② 即心灵是认知的中心。杜威认为认知领域应进行一场"哥白尼式的革命"，从传统的"心灵中心"向"新的中心"转换。杜威找到的新的中心，"是自然进程中所发生的变化不定的交互作用，而这个自然进程并不是固定的和完善的而是可以通过有意操作的中介导致各种不同的新的结果的"。③ 这就是说，知识不是来源于心灵对外部世界的认识，认识也不是外部世界在心灵上产生的"镜像"，而是来源于主体与环境之间的交互作用。杜威的知识观强调了人的主体性、知识的情境性，指出人与环境之间的互动是获得知识的途径。

根据前文对杜威经验哲学的阐释，知识是经验的一部分，它是整体的经验中较为有序的、有控制力的部分。杜威说："知识并没有包括世界的全部。知识的范围和所经验到的存在的范围并不是等同的，而这一事实既不能说是知识的缺陷，也不能说是知识的失败。这只是表明知识严格地从事于它自己的职务——把紊乱不定的

① 杜威. 确定性的寻求：关于知行关系的研究［M］. 傅统先，译. 上海：上海人民出版社，2005：27.

② 同①224.

③ 同①224.

情境转变成为更加在控制之下和更加有意义的情境。”① 既然知识是在情境中产生的，那么它就可以被还原到它所产生的情境中。既然知识是由粗浅的生活经验抽象概括而来，那么它就可以被还原到被抽象概括之前的程度。杜威从实用主义知识观出发，得出了这条重要结论。

在杜威那里，知识是经验的总结与概括，旧的知识在反省思维的参与下，被运用于新的情境，以解决问题，获得新的认识。过去的知识与当下、未来的知识之间具有连续性。行动、做是获得知识的途径。对于学科知识是如何产生、发展这个问题，杜威是这样认识的：“从表面上看，各种研究，算术、地理、语言、植物等，它们本身就是经验——它们是种族的经验。它们体现了人类一代一代的努力、奋斗和成功积累的结果。人们对这些成果的呈现，既不是单纯的积累，也不是一堆单独经验的积累，而是以某种有组织和系统化的方式——也就是将通过反思形成的东西呈现出来。”②

对于知识是如何产生的，哲学家们有着不同的认识。通常人们喜欢把人类知识比作一座大厦，知识的增长就好比在地基上进行一砖一瓦的递进式构造。在杜威的上述论断中，也可以看到他有着类似的认识。然而，在科学哲学家波普尔看来，科学知识是一个新理论不断替代旧理论的过程，而不仅仅表现为知识数量的增加。波普尔认为，把知识比作大厦是错误的。因为人类知识没有现成的、固定不变的基础：知识的增长并不是以现存知识为基础的构造，而是对现存知识的破除。波普尔说：“全部已获得的知识、全部学问，都是由对某种形式的知识或倾向的修改（或抛弃）而构成的（这种

---

① 杜威. 确定性的寻求：关于知行关系的研究［M］. 傅统先，译. 上海：上海人民出版社，2005：228.

② DEWEY J. The child and the curriculum［M］. Mansfield Centre，CT：Martino Publishing，2011：16-17.

知识或倾向先于其他知识而存在)。”①

波普尔用这样一个模式，即 P1→TS→EE→P2 来描述科学知识的增长过程。这个模式表示，科学知识的积累是一个不断解决问题的过程。科学不是始于观察，而是始于问题（problem）。P1（problem 1）代表问题 1。面临着问题 1，人们首先提出假说，作为对此问题的尝试性解决，即 TS（tentative solution）。然后，再对这一假说进行严格的检验，也就是通过证伪来消除错误即 EE（error elimination），进而产生新的问题即 P2（problem 2）。波普尔认为，科学发现不应是一个证实的过程，而应是一个尝试错误的证伪过程，随着问题的深入，对问题作尝试解决的理论的正确率也就越来越高。科学知识的积累不仅仅是数量上的增长，更应是新理论代替旧理论的质变。

如果科学知识的增长与波普尔的描述一致，那么，学科知识的增长或许并非都如杜威描述的那样简单：它们就像一条直线，起点是生活经验，终点是学科知识，直线上的每一个点都比之前的点更抽象、更系统化、更概括化。也并非所有的学科都是直接从生活经验发展而来。学科知识的增长是一个复杂的过程，有积累概括，也有猜想反驳；有生活经验基础上的抽象，也有逻辑的推理与演绎。学科知识增长的复杂性，使得杜威“还原论”的理论基础成了问题：学科知识从何而来？它们是否都有相对应的生活经验？它们又是否都可被“还原”？

除此以外，还有一个值得注意的问题，那就是即便学科知识都有相对应的生活经验，这些经验也不等于就是儿童的经验。所以，杜威关于学科知识演进的论述，关于儿童的经验与学科知识关系的论述，并非“定论”，而是有待我们去“证伪”的学说。

---

① 波普尔. 客观知识：一个进化论的研究［M］. 舒炜光，卓如飞，周柏乔，等译. 上海：上海译文出版社，1987：76.

三、多尔对杜威课程思想的阐释、发展与尝试超越

在《课程愿景》中，美国学者多尔（William Doll）把杜威的思想比作“在美国课程中游荡的幽灵”。“幽灵”有什么样的隐喻呢？多尔解释道，幽灵是一种缥缈虚幻的存在，它们可以被看到、被感觉到，却没有具体的形状；它们存在于我们意识的边缘，既真实又虚幻，若隐若现。①

多尔所谓的“幽灵”有三层含义。第一，不管是否被现时代的人们所意识到，杜威思想在课程领域的影响都是广泛而深远的。第二，古人相信幽灵之所以会离开坟墓，是因为他们的需要未能得到满足。幽灵从“另一个角度”或在“不归路”上说话，让人们想起那些已经遗忘在记忆深处的东西。多尔把杜威思想比作幽灵可说明，尽管可能已经被有些人遗忘在记忆深处，但杜威描绘的课程愿景仍具有重要的现实意义。第三，从词源上看，幽灵有“灵魂”“精神”“生命的核心”之意，也有虚无缥缈、反复无常、捉摸不定之意，用幽灵来类比杜威思想与多尔倡导的后现代课程观念——课程的模糊性、不确定性，具有一致性。

在多尔看来，杜威那几乎要被人们遗忘，却又貌似无处不在的“幽灵”的精髓究竟是什么？多尔把自16世纪以来，课程的核心“话语”归结为“控制”二字，认为课程的概念自诞生之日起，不管是早期的把课程视为知识的地图，还是工业化以来把课程视为制造产品的工厂，课程的使命都是控制学习者，以达到预期的目的。

在杜威那里，课程有了强加的控制和形成的控制之间的区分。

---

① 多尔，高夫. 课程愿景［M］. 张文军，张华，余洁，等译. 北京：教育科学出版社，2004：285.

强加的控制是用外部力量使人服从于其他预设的目标。杜威批判了从外部强加控制的课程，但同时也指出，正如没有约束就没有成长，如果完全放弃控制，就不可能有民主自由，生活就会失去方向、缺乏意义。

在多尔看来，杜威提出了一种更重要的、永久的控制，这种控制既不是来自外部也不是来自内部，而是来自活动或经验中涉及的各种相互作用。多尔认为，在杜威的时代尚无复杂生成理论，因而他没有使用“生成”“自组织”之类的词，但复杂生成理论的框架能够很好地解释杜威的课程愿景，尤其是他的三个著名的教育观——教育是一个过程，教育的目的不在教育之外，而在教育本身；目的来自活动，而不是在活动之前的预设；儿童与课程、学习者与文本是通过相互作用而联系在一起的。[①]

多尔在后现代的视域中，运用复杂性理论、混沌学、过程哲学等思想，重新理解和解释杜威。他把杜威课程思想的精髓概括为“生成”和“转化”。

正如杜威所言，教育是由于经验和为着经验的过程，教育是生长经验的深化和扩展。儿童与环境的交互作用产生经验，经验的连续性原则告诉我们，当下的经验是过去与未来之间的联结——它在过去的基础上产生，又启发未来的经验。多尔总结道，杜威的经验概念强调反思和交互作用。反思是对经验进行批判性的、多种的、公开的考查，将自身的经验与他人的经验联系起来，构建一种过去、现在和未来的经验都联系起来的网络。反思是回归性的，一旦完成，便能为进一步实践提供指导，并且它自身也应得到批判反思。在这个不断进行的过程中，经验不断地生成、转化，过去和现

---

① 多尔，高夫．课程愿景［M］．张文军，张华，余洁，等译．北京：教育科学出版社，2004：42.

在也成为未来的基础。①

多尔将杜威的过程思想与怀特海的过程哲学相比较，认为杜威的过程思想是一个有机体与环境持续不断地相互作用，并在反省思维的参与下，不断获得经验的过程，亦即经验生成、转化的过程。怀特海的过程哲学则强调宇宙的真相存在于关系之中。宇宙是一个静止与运动同时存在、相互包容的、复杂的统一体。这个复杂的统一体具有开放性，是动态的、变化着的。在系统内部，各要素之间有着复杂的、非线性的联系。在怀特海看来，"观点不是完全地出现也不是逻辑地统合在一个界定好的系统里；它们是从'未经探索的联系'之中，从'半遮半掩'和'半透露的可能性'之中'逐渐地创造出来的'。在这一'发酵'的过程之中存在着予以现实化和进行创造的可能性。教育的过程像生活的过程一样必须致力于指导这一激发，而不是强加一种预定的和没有意义的模式。这一强加只会使过程变得贫乏。"②

多尔把杜威课程思想的核心概括为"生成"和"转化"，把怀特海过程哲学的主要特征概括为联系性、动态的变化性、复杂性、创造性、非预定性、开放性，认为杜威和怀特海之间虽然存在差异，但对课程都有重要的启发意义，两者应相互补充、相互结合，才能更好地理解课程。在分析和肯定杜威"幽灵"的基础上，借鉴怀特海的过程哲学，多尔提出了超越杜威的构想。

所谓超越的构想，概括说来就是在连续性的基础上，强调复杂性、不确定性、模糊性、创造性、多种可能性、自组织性等。包括以下几个要点：

第一，在一个偶然性框架中理解课程，强调课程的不确定性和

---

① 多尔．后现代课程观［M］．王红宇，译．北京：教育科学出版社，2000：202.
② 同①213.

创造性。“在这样一种偶然性框架中，课程成为一种过程——不是传递所（绝对）知道的而是探索所不知道的知识的过程”。①

第二，主张协商对话。学习和理解来自对话和反思，包括学习者与自己对话、与他人对话、与教材对话。当学习者与自己、他人、教材“协商交流”时，学习和反思就被创造（而非传递）了。

第三，课程是一个复杂的系统，是一个动态的、连续的过程，是一个有多种因素参与其中并发生相互作用的网络。这个网络不是定型的，而是流变的，是随着关系变化而变化的。

第四，后现代课程应具有的一个重要特征是丰富性，“丰富性这个词是指课程的深度、意义的层次、多种可能性或多重解释。为了促使学生和教师产生转变和被转变，课程应具有‘适量’的不确定性、异常性、无效性、模糊性、不平衡性、耗散性与生动的经验”。②

从根本上来说，课程应为儿童生长提供丰富的“可能的备择”，③ 而不是确定无疑的“知识地图”。课程最终将是怎样的，这在事先是无法完全设计和预料的。因而，我们应把课程视为“丰富的、开放的经验的多层次组合；视其为随我们注意力的转移而不断变换中心的复杂的马赛克”。④

---

① 多尔. 后现代课程观［M］. 王红宇，译. 北京：教育科学出版社，2000：222.

② 同①181.

③ 奥恩斯坦，贝阿尔-霍伦斯坦，帕荣克. 当代课程问题［M］. 余强，译. 杭州：浙江教育出版社，2004：3.

④ 同①52.

第五章 对《儿童与课程》的商榷

关于《儿童与课程》，笔者对下列问题存有疑问。疑问与评论纯属一家之言，未必正确，仅供读者参考。

一、儿童的经验与学科知识关系的论述带有复演论色彩吗?

杜威是反对复演论的。他在《民主主义与教育》中论述了对复演论的看法。杜威指出，生物学的复演说和文化复演说相互结合，产生了教育上的复演理论。这种理论认为，儿童成长的过程与人类种系进化的历程具有一致性，儿童教育适合的教材是人类在相应发展阶段上创作的材料——特别是神话、民间故事和歌谣等文学材料。教育在本质上是追溯性质的。

杜威认为，复演论的生物学基础是错误的。人类胚胎和婴儿的发育，虽然在某些方面保存着低级生活形式的特性，但是婴儿却没有按照人类进化过程的阶段发展，即个体并没有重复人类种系进化的过程。这就使得“每一代人都重复过去世代人的生活方式”这一论断失去了生物学基础。杜威说：“儿童未成熟状态的很大优点，就是使我们能解放儿童，无须走过去的老路。所以，教育的任务在于使儿童从复演过去和重蹈旧辙中解放出来，而不是引导他们去重演以往的事情。儿童的社会环境是由文明人的思维和感情的种种习惯的行为构成的。如果忽视目前这种环境对儿童的指导性影响，就是放弃教育的功能。”①

在批判复演论的同时，杜威承认其中含有两个正确的因素。第一个正确因素是，在生物学方面，任何婴儿都有各种各样冲动、盲目的活动，其中有许多活动是相互冲突、偶然发生、零星分散的。这和他们当前所处的环境是不相适应的。另一个正确因素是，历史成果代表了经验发展到当下的最高水平，它们对于启发未来的经验具有重要的价值。因而，只要有益于将来，就应当利用它们，并且这种利用正是我们智慧的一部分。

杜威指出，过去的文献，只要人们现在还掌握并加以利用，就是个人当前环境的一部分；但是，把它们作为我们当前的资源和把它们当作追溯性质的标准和模式，两者有着极大的区别。关于过去的知识和遗产，必须和现在发生联系，必须进入现在，才有巨大的意义。把过去的记录和遗产作为主要教材，其错误在于割断了现在和过去之间的重要联系，使过去成为现在的对手，现在则成为过去的无用模仿。②

以上是杜威关于复演论的主要观点。在探讨学科知识与儿童的经验之间的关系时，杜威提到，学科知识是人类历史发展到当下的最终成果，儿童经验的增长则是个体在现时代的生长和发展。前者是种族经验，后者是个体经验。杜威把两者比作“单一过程的两极”和“人类生活的第一步和最后一步”等，认为儿童经验的增长与学科知识的发展历史过程具有一致性。在此基础上，他又提出，以儿童已有的经验为基础，将学科知识心理化，即将其还原到被抽象之前的经验，这个经验与儿童的现有水平相当。课程的问题就是发现从儿童的经验到学科知识的各个中间步骤，架设桥梁，帮助儿

---

① 杜威. 民主主义与教育［M］. 王承绪，译. 北京：人民教育出版社，2001：83.

② 同①83-85.

童走向目标——学科知识。

可以看出，杜威在儿童的经验与学科知识的关系及儿童如何获得学科知识等问题上，与复演论有某种相似性：儿童经验增长的过程，实际上是复演了学科知识发展的历史。这个复演的过程，既是儿童获得学科知识的过程，也是儿童生长的过程。与杜威所批判的复演论不同的是，在他看来，儿童对学科历史的复演，与他自身经验发展的规律是一致的，并且复演并不是为了掌握过去，而是以理解现在、启发未来为目标。因为经验具有连续性，且在杜威的知识观里，学科知识发展的历程是由粗浅到抽象、由零散到系统化的过程，同时“从最广意义上来说，逻辑的立场本身便是心理的”，[①] 所以，儿童经验的发展与学科知识发展的历史是“同一个过程”。也正因为是“同一个过程”，学科知识才可以被还原、被心理化。

如果对杜威的上述理解是正确的，那么，关于儿童的经验与学科知识的关系以及儿童的经验如何发展到学科知识的论断，杜威是否也和复演论者一样，面临着如何论证个体经验的发展与种族经验的发展具有一致性的问题呢？

二、杜威的整体论具有否定真实存在矛盾的倾向吗？

杜威受到黑格尔的影响，这在其早期的思想中，表现尤为明显。黑格尔从思维与存在具有统一性的基本原则出发，批判康德割裂思维与存在、本质与现象的二元论和不可知论。在黑格尔看来，当人们认识了现象的时候，也就认识了本质。现象和本质统一的基础是思维。思维是客观的，而非主观的，思维是事物自身或“对象

① DEWEY J. The child and the curriculum [M]. Mansfield Centre, CT: Martino Publishing, 2011: 29.

性的东西”的本质，思维统摄一切。客观思维就是绝对精神，是整个世界的基础和核心。世界上一切的现象都只是绝对精神的外在表现。

杜威在其自传性的论文《从绝对主义到实验主义》一文中说道：“黑格尔思想之所以对我有吸引力，是有一些‘主观’原因的。因为黑格尔思想补充了一种统一要求。这种要求无疑是情绪上的一种强烈渴望，但又仅仅是一种理智化的教材能够适应的渴望。要恢复早期的那种情绪是更加困难的，也是不可能的。但是，我想，在我身上所产生的分裂和分离的观念，作为新英格兰文化传统的一种结果，是通过自我与世界的隔离、灵魂与肉体的隔离、自然界与上帝的隔离的形式而表现出来的。它带来了一种痛苦的压抑，或者更确切地说，在精神上存在着一种创伤。我那早期的哲学学习，曾是一种智力训练的课程。可是，黑格尔关于主观与客观、物质与精神、神与人的综合，并不是纯粹的智力公式；它是作为一种巨大的释放、一种解放而起作用的。黑格尔关于人类文化、社会制度和艺术的论述，同样也包括关于取消一些牢固的分隔墙的论述，对我有着特殊的吸引力。”①

1890 年后，杜威接触了达尔文的进化论、赫胥黎的“有机体”概念、詹姆士的心理学之后，对黑格尔的兴趣逐渐转移。尽管如此，杜威至少在两个方面受黑格尔的影响：其一，黑格尔的辩证法，即质量互变、对立统一、否定之否定的思维普遍规律；其二，关于连续性和交互作用的思想。

有学者认为，《儿童与课程》充分展示了杜威受黑格尔辩证法的影响。② 杜威开篇指出了产生对立思想的原因：一个问题暂时包

---

① 杜威. 杜威传［M］. 单中惠，译. 合肥：安徽教育出版社，1987：63.

② PHILLIPS D C. John Dewey's the child and the curriculum: a century later [J]. The Elementary School Journal，1998，98 (5)：403-414.

含着相互冲突的种种因素，这些因素是问题本身所具有的。不同的学派由于各支持冲突的一方，并把它们上升为独立的真理，争论就由此产生了。传统的解决矛盾的方法，不外乎是支持其中一方而否定另一方，而实际上，这种分裂对立的思想前提是错误的，应在整体的、统一的基础上，用全新的眼光来看问题。

事实上，杜威的观点与黑格尔“正－反－合”的思辨模式是有区别的。黑格尔认为，一切发展过程都可分为三个有机联系着的阶段：一是发展的起点，原始的同一（潜藏着它的对立面），即“正题”；二是对立面的显现或分化，即“反题”；三是“正反”二者的统一，即“合题”。正题为反题所否定，反题又为合题所否定。合题并非简单的否定，而是否定之否定或扬弃。合题把正反两个阶段的某些特点或积极因素在新的或更高的基础上统一起来。

用黑格尔的辩证法来看待问题的争端，持有的是对立统一的观点，即矛盾双方的相互依存、相互斗争、对立统一。而杜威所谓“全新的眼光”，即指整体论的视野。他否认任何形式的二元分裂与对立，认为二元论将原本完整、统一的人和世界割裂。在杜威那里，身与心、经验与自然、人与自然、经验与知识、理念与实在、知与行、感性与理性、过程与结果、个人与社会等都是有机的整体。在杜威整体论的视野下，矛盾消解了，更确切地说，杜威不是消解了矛盾，而是上述在传统哲学看来相互对立的概念，在杜威那里本来就没有矛盾——它们是在二元论的指导下，人为制造出来的对立。

由此，我们产生疑问：杜威的整体论哲学，把这些矛盾看作人为制造的产物，是否意味着否认了实际存在的矛盾，亦即否认了事物内部实际上存在着对立统一的矛盾双方？

在学科知识与儿童的经验的关系上，传统的课程观认为学科知识是中心，“儿童中心”的课程观则认为儿童是中心。杜威对双方的观点均持彻底否定的态度。他在整体论的视野中，重新认识儿童的经验和学科知识之间的关系，把它们比作一条直线上的起点和终点。在杜威看来，儿童的经验和学科知识之间本不存在矛盾，传统课程观和“儿童中心”课程观共同的错误在于，它们都在二元分裂、非此即彼的思想前提下，人为制造了儿童的经验与学科知识之间的矛盾。

如何看待矛盾？唯物辩证法认为，一切事物都由既相互对立、又相互统一的矛盾组合而成。正是矛盾双方对立统一的关系，推动着事物的发展。对立统一规律揭示了事物发展的源泉和动力。矛盾存在于一切事物的发展过程中；矛盾存在于一切事物发展过程的始终。换言之，矛盾无处不在，无时不有。矛盾是事物存在的基础，也是事物发展的动力。从一定意义上说，事物就是矛盾，世界就是矛盾的集合体；没有矛盾就没有事物或世界，没有矛盾就没有事物或世界的发展。

与唯物辩证法不同，在杜威看来，矛盾双方原本就是人为的划分，二者也不是二元对立关系，因而，解决问题的关键既不在于做非此即彼的选择，也不在于协调兼顾矛盾斗争的双方，而在于正确认识它们之间的关系。由此，能否得出这样的推论：在杜威看来，矛盾就是人为制造的，在整体的世界中，本质上并不存在矛盾？

多尔曾评价杜威，他没有能够用“既是……又是……”的逻辑来考虑问题，而是更多地用“……与……”的逻辑来考虑问题，但他并没有建立一个“……与……”的框架，并十分有效地使用它。[①]也许，在杜威看来，矛盾不能既是对立又是统一的，所以他只能通过否认对立、否认矛盾来消解双方的争议。

---

① 多尔，高夫．课程愿景［M］．张文军，张华，余洁，等译．北京：教育科学出版社，2004：46．

第六章　结　　语

一、整体论哲学视野中的《儿童与课程》

杜威说："哲学发源于对生活难局的一种深刻而广大的反应。"①由于生活充满不确定性，为了降低未知事物带来的风险，为了寻求安全获得确定性，古典哲学走了一条弯路：它"妄自以为论证超越的、绝对的或更深奥的、实在的存在和启示这个究极的、至上的、实在的性质和特色为己任"。② 这使得哲学在最坏的时候，成为一种语言游戏——它创造各种复杂、模糊的概念，并用琐细的推论、广博周详的论证等各种方法，让原本无意义的论争具有"高深"的外表。最好的时候，哲学也只是为了追求体系而人为创造体系的学问，所谓的正确性，不过是它的自诩而已。③

杜威认为，古典哲学不仅没有解决生活的难题，反而制造了混乱——它把原本完整的世界和鲜活的生活一分为二：一边是高等的、精神的、不变的、确定的，只有理性可以接近的；一边是低级的、物质的、可变的、不确定的、经验的、感官观察可以接近的。④

---

① 杜威. 哲学的改造［M］. 许崇清，译. 北京：商务印书馆，1997：28.
② 同①12.
③ 同①11.
④ 同①65.

它把复杂性、不确定性从自然中撇除，致力于营造一个关于实在的、终极的、确定的彼岸世界，并将不确定的一面划归于主体及其经验。这种区分以追求虚妄的确定性为目的，以分裂为特征，实质上割裂了人与自然、经验与自然之间的关系——我们不可能把有机的生命和心灵同自然界分隔开来。[①] 古典哲学既不能正确地认识自然，又无益于生活难题、道德困境的解决，因而必须对之加以改造。

杜威发现，古典哲学错误的重要原因是曲解了经验的概念，因而，厘清经验的内涵，重构经验观是解决问题的关键。尽管不同时期不同的哲学家对经验的认识大相径庭，但他们都有一个共识，即经验是对世界较浅层次的认识，经验是不确定的，经验必须上升到理性的认识，只有通过理性，才能获得关于世界的客观认识。

与传统的经验概念不同，杜威把经验界定为有机体与环境之间交互作用的过程与结果；经验和历史、生活、文化有同样的意义；[②] 经验既包括作为经验主体的人，又包括被经验的客体；经验是人们生活于斯的不确定的、复杂的、整体的、有机的世界的真实反映……总之，杜威的“经验”是个包罗万象的概念，它消解了主观与客观、经验与理性的界限，感觉经验、实践经验、科学知识、风俗习惯、艺术、道德等皆为经验。在整体的“经验”内部，杜威作了原始经验和在此基础上反省得来的次生的或反省经验的区分。通常所说的科学知识、哲学等，均属于反省经验的范畴。杜威充分肯定了反省经验的作用，认为它使原始经验变得清晰、有条理，但不能由此认为反省经验高于原始经验。鄙视原始经验，追求虚妄的确定性，正是传统哲学的谬误所在。反省经验是由原始经验派生而来，它不能脱离原始经验，并且最终“派生的方法和结论要放回

---

① 杜威．经验与自然［M］．傅统先，译．南京：江苏教育出版社，2005：8.

② 同①28.

到平常经验的事物中来，在它们的粗糙和自然的状态中，求得实证”。[①]

杜威在《民主主义与教育》中说：“如果我们愿意把教育看作塑造人们对于自然和人类的基本理智的和情感的倾向的过程，哲学甚至可以解释为教育的一般理论。”[②] 哲学是教育的基础；如果哲学犯了错，教育自然就不可避免地走上了弯路——古典哲学的错误倾向影响了传统的教育。

美国学者多尔曾说：“课程是方法的产儿。”[③] 这句话能很好地说明哲学与教育、课程的关系——方法是认识和改造世界的途径，人们认为该用什么样的方法来认识世界，他们就会把这样的方法通过教育传递给下一代。

在传统哲学看来，经验是主观的、感性的、不可靠的，理性是客观的、可靠的，只有理性才能让人获得确定无疑的知识。教育的使命和责任是传承文化，假如确定无疑的知识是人们的追求，那么教育必定要承担起传递客观知识及用确定无疑的知识取代儿童经验的任务。于是，填鸭式的灌输、机械的记忆、反复刻板的训练便是传统教育的主要活动。

要改正传统教育的错误，就“需要建立一种经验的理论，以便使教育能够在经验的基础上合理地进行”。[④] 杜威通过经验概念的重构，试图消解传统哲学二元对立的分裂。杜威的“经验”是一个兼容并蓄的整体，整体的经验既包含了儿童的经验，也包含了科学知识、艺术、道德等，而不管是何种类型的经验，都真实地反映着自

---

① 杜威. 经验与自然［M］. 傅统先，译. 南京：江苏教育出版社，2005：25.

② 杜威. 民主主义与教育［M］. 王承绪，译. 北京：人民教育出版社，2001：347.

③ 多尔，高夫. 课程愿景［M］. 张文军，张华，余洁，等译. 北京：教育科学出版社，2004：285.

④ 杜威. 我们怎样思维·经验与教育［M］. 姜文闵，译. 北京：人民教育出版社，2004：254.

然。杜威既认定经验都是自然的真实反映，同时也承认经验对自然的反映是存在差别的——一部分经验比另一部分经验更精确、更清晰地反映自然。

如何获得更精确、更清晰的经验？杜威认为必须依靠反省思维“把经验含糊的、可疑的、矛盾的、某种失调的情境转变为清楚的、有条理的、安定的以及和谐的情境。”[①] 反省思维源于现实问题产生的困惑，为了找寻解决问题的方案，从现实问题中获得暗示而产生联想，尝试用已有的经验去思考和分析问题，并持续进行探究活动。杜威把反省思维定义为“现有的事物暗示了别的事物（或真理），从而引导出信念，此信念以事物本身之间的实在关系为依据，即以暗示的事物和被暗示的事物之间的关系为依据”。[②]反省思维不是孤立的“单子”，而是种种观念井然有序的连接；反省思维不是偶然的、随意的，而是有目的、有计划的；反省思维不是一种思维定式，而是个人对问题做出自己的考察、检定和探究。总之，反省思维帮助人们用已有的经验去探索新的经验，为人们在不确定的世界中有效行动提供智慧。

杜威认为，教育应让人有智慧，应让人在复杂的世界中更好地生活。要实现这个目的，反省思维的培养是至关重要的。反省思维的产生有赖于人主动的思维活动，也有赖于经验本身的连续性——人总是在已有的经验框架内进行思维活动，人之所以能从新的问题中获得暗示而产生联想，与新旧经验之间的关联性密不可分。可以说，反省思维就是借助人理性的思维活动，用已有的经验去启发未来的经验，通过持续地探究、求证，从而更精确地反映自然、更好地认识世界。这从另一个角度说明，教育应是经验连续不断的改组

① 杜威. 我们怎样思维·经验与教育［M］. 姜文闵，译. 北京：人民教育出版社，2004：88.

② 同①18.

和改造，课程应在儿童已有经验的基础上，提供适当的环境以帮助儿童实现经验的生长。

杜威说："教育是在经验中、由于经验和为着经验的一种发展过程。"① 学科知识也是一种经验，所以它与儿童的经验之间并不存在鸿沟。一方面，儿童经验能够逐渐深化和扩展，从而一步一步地走向学科知识；另一方面，学科知识是由粗浅的生活经验逐步抽象化、概括化、系统化而来的。儿童的经验和学科知识犹如经验发展过程中的起点和终点，二者之间本就不存在矛盾。从儿童的经验到学科知识，就是经验改组和改造的过程。

在古典哲学看来，儿童的经验是主观的、不确定的，学科知识则是客观的、确定的。为了保证认识的可靠性，必须用学科知识取代儿童的经验。杜威的经验哲学是一种整体论哲学，它反对任何形式的分裂，并且这种整体论不是简单地将二元对立的双方协调、拼凑成一个整体，而是按照世界的本来面目，重新用整体的眼光来看待整体的世界。

杜威消解了儿童与课程、儿童的经验与学科知识之间的对立关系，并把关注的焦点从儿童与课程之间非此即彼、二元对立的无谓争论中，转移到了新的问题上：儿童的经验必将按照自身的规律发展成为学科知识，而发展是一个连续的过程，所以课程的问题就转变为发现儿童的经验和学科知识之间的各个步骤，为儿童的经验逐渐生长成为学科知识而架构桥梁。

如何架构桥梁？一方面，应以儿童已有的经验为基础，发现其中包含的学科知识的萌芽，并以此为生长点，考虑经验的深化和扩展问题；另一方面，杜威提出了学科知识的"还原法"。既然学科知识是从生活经验中抽象、概括而来的，这既意味着从生活经验出

---

① 杜威. 我们怎样思维·经验与教育［M］. 姜文闵，译. 北京：人民教育出版社，2004：250.

发，一步步概括、深化可以获得学科知识，也意味着学科知识按照它被抽象出来的过程，可以一步步还原，最终落到生活经验的层面。学科知识需要被还原到何种程度，取决于儿童现有的经验水平。既然儿童生活在自己的世界中，那么他关注的总是与他的生活相关的事。既然新旧经验之间的关联性是反省思维得以产生的不可或缺的条件，那么学科知识就应被还原到这样的水平：它既与儿童已有经验相互关联，又是儿童已有经验的深化与扩展。由于儿童经验的生长轨迹与学科知识发展的历史是同一个过程，那么教育对儿童的指导，就不应是从外部强加的命令。指导的问题就是对儿童的本能和冲动选择适当刺激的问题，就是把生活过程解放出来，使它最充分地实现自己。[①]

杜威的经验哲学及儿童的经验与学科知识关系的观点见解独到、别具一格。当二元对立的两派针锋相对、争论不休时，杜威已独辟蹊径，绕过了二元分裂的泥潭，直面事物的本来面目，为理解经验的概念、解决课程的问题提供了新的思路。

二、对《儿童与课程》的反思

杜威对课程的设想是美好的，但是实践起来却困难重重。杜威在芝加哥实验学校时，试图编写一种新型的教材，以妥善处理经验与课程的关系问题。1936 年，杜威对此实验进行回顾时，他承认："要解决这个问题是非常困难的，我们并没有解决好；这个问题到现在还没有解决，而且永远不可能彻底解决。"[②]

---

① DEWEY J. The child and the curriculum [M]. Mansfield Centre, CT: Martino Publishing, 2011: 22.

② 赵祥麟，王承绪. 杜威教育名篇 [M]. 北京：教育科学出版社，2006：227.

为什么问题难以解决？可能有两个重要的原因。

其一，学科知识的演进并非都如杜威所描述，是从经验中一步一步抽象概括而来的。学科知识的发生、发展的过程是复杂的，并且学科知识的发展并不遵循着统一、单一的模式，而是有着各自的学科特点。其二，儿童的个人经验差异很大，从不同个体的个人经验中提炼出学科知识的萌芽是存在困难的。正如杜威在《经验与教育》中指出的那样："通过经验的生长，使教材的扩充和组织有次序地发展……对此，我也不怎么相信。……要找出每个人的经验背景是比较困难的，要发现如何指导经验中已经具有的材料，并把这些材料引导到更大的和更好地组织起来的一些领域之中，也是比较困难的。"①

有学者认为，杜威在教材问题上经过长期实验得出的结论却如此软弱、模糊，以致在实践上不能起指导作用，这是值得深思的。②美国学者克雷明也曾指出："杜威是否真正解决了课程的重点问题？当然，课程的重点问题是一个未解决的问题。因为杜威的标准是如此模糊，以致对批判课程计划没有多少帮助。"③ 这样的观点虽有些许合理性，却也有失公允——杜威的理论虽未能彻底解决课程的问题，但确实为解决经验与课程的矛盾提供了新思路，并且它对实践亦有巨大的指导和推动作用。例如，克伯屈的设计教学法、活动课程、陈鹤琴的单元课程、瑞吉欧方案教学等都从杜威的课程思想中汲取了营养。

《儿童与课程》中的课程思想与杜威在芝加哥实验学校的实践

---

① 杜威. 我们怎样思维·经验与教育 [M]. 姜文闵，译. 北京：人民教育出版社，2004：285.

② 梅休，爱德华兹. 杜威学校 [M]. 王承绪，赵祥麟，顾岳中，等译. 上海：华东师范大学出版社，1991：译者前言 3.

③ 单中惠. 现代教育的探索：杜威与实用主义教育思想 [M]. 北京：人民教育出版社，2001：326.

是紧密结合的。1936 年，杜威在回顾总结芝加哥实验学校的实践时说："教育理论和它在实践中的贯彻，两者的距离总是那么巨大，对于孤立地陈述纯理论原则的价值，自然令人怀疑。……不论这所学校在接近实现激励它工作的理论方面的成功还是失败，以及在某些方面，它的成就非始料所及，为了理论本身而阐明这个实验的理论也具有一定的价值。……不管理论自身有多少永久价值，它也许能给别人提示新的、更为满意的教育上的试验。"[①] 尽管杜威的课程思想并非尽善尽美，但它的价值却独有千秋——它在理论上具有独创性、启发性，对实践也产生了广泛而深远的影响。

人是复杂的，而作为人的活动，教育也是复杂的，这就决定了课程具有复杂性、模糊性、自组织性和不确定性。正因为如此，也许期待用一种理论一劳永逸地解决所有的课程问题，这本身是不切实际的、将复杂的现实简单化的想法。从波普尔的证伪学说来看，正因为杜威的课程思想是有待发展的、可被改进的、能够被证伪的，而不是完美无缺的、放之四海而皆准的、不可证伪的"绝对真理"，所以杜威理论是具有科学性的，它可以依靠证伪，不断改进自身的缺陷，以获得发展与进步。

---

① 赵祥麟，王承绪. 杜威教育名篇 [M]. 北京：教育科学出版社，2006：223.

参 考 文 献

一、中文文献

奥恩斯坦，贝阿尔-霍伦斯坦，帕荣克. 当代课程问题 [M]. 余强，译. 杭州：浙江教育出版社，2004.

俾耳德，巴格力. 美国史 [M]. 魏野畴，译. 上海：上海社会科学院出版社，2016.

波普尔. 猜想与反驳：科学知识的增长 [M]. 傅季重，纪树立，周昌忠，等译. 上海：上海译文出版社，1986.

波普尔. 科学知识进化论：波普尔科学哲学选集 [M]. 纪树立，译. 北京：生活·读书·新知三联书店，1987.

波普尔. 客观知识：一个进化论的研究 [M]. 舒炜光，卓如飞，周柏乔，等译. 上海：上海译文出版社，1987.

波普尔. 通过知识获得解放 [M]. 范景中，李本正，译. 杭州：中国美术学院出版社，1996.

波普尔. 走向进化的知识论 [M]. 李本正，范景中，译. 杭州：中国美术学院出版社，2001.

布鲁纳. 布鲁纳教育文化观 [M]. 宋文里，黄小鹏，译. 北京：首都师范大学出版社，2011.

陈海宏. 美国史专题研究 [M]. 济南：山东教育出版社，2014.

杜威. 杜威教育论著选 [M]. 赵祥麟，王承绪，译. 上海：华东师范大学出版社，1981.

杜威. 杜威传 [M]. 单中惠，译. 合肥：安徽教育出版社，1987.

杜威. 经验与自然 [M]. 傅统先，译. 南京：江苏教育出版社，2005.

杜威. 民主主义与教育 [M]. 王承绪，译. 北京：人民教育出版社，2001.

杜威. 评价理论 [M]. 冯平，余泽娜，译. 上海：上海译文出版社，2007.

杜威. 确定性的寻求：关于知行关系的研究 [M]. 傅统先，译. 上海：上海人民出版社，2005.

杜威. 人的问题 [M]. 傅统先，译. 上海：上海人民出版社，2006.

杜威. 思维与教学 [M]. 孟宪承，俞庆棠，译. 上海：华东师范大学出版社，2010.

杜威. 我们怎样思维·经验与教育 [M]. 姜文闵，译. 北京：人民教育出版社，2004.

杜威. 学校与社会·明日之学校 [M]. 赵祥麟，任钟印，吴志宏，译. 北京：人民教育出版社，1994.

杜威. 哲学的改造 [M]. 许崇清，译. 北京：商务印书馆，1997.

杜祖贻. 杜威论教育与民主主义 [M]. 北京：人民教育出版社，2003.

多尔，高夫. 课程愿景 [M]. 张文军，张华，余洁，等译. 北京：教育科学出版社，2004.

多尔. 后现代课程观 [M]. 王红宇，译. 北京：教育科学出版社，2000.

贺国庆. 战后美国教育史 [M]. 上海：上海交通大学出版社，2014.

黑格尔. 精神现象学 [M]. 贺麟，王玖兴，译. 北京：商务印书馆，1983.

黑格尔. 哲学史讲演录（第一卷）[M]. 贺麟，王太庆，译. 上海：上海人民出版社，2013.

江怡. 现代英美分析哲学（上）［M］//叶秀山，王树人. 西方哲学史（学术版）. 南京：凤凰出版社，江苏人民出版社，2005.

蒋雅俊. 课程哲学：儿童、经验与课程［M］. 北京：人民教育出版社，2015.

克雷明. 美国教育史 1：殖民地时期的历程（1607—1783）［M］. 周玉军，苑龙，陈少英，译. 北京：北京师范大学出版社，2003.

克雷明. 美国教育史 2：建国初期的历程（1783—1876）［M］. 洪成文，丁邦平，刘建永，等译. 北京：北京师范大学出版社，2002.

克雷明. 美国教育史 3：城市化时期的历程（1876—1980）［M］. 朱旭东，译. 北京：北京师范大学出版社，2002.

李颜伟. 知识分子与改革：美国进步主义运动新论［M］. 北京：中国社会科学出版社，2010.

林玉体. 美国教育思想史［M］. 北京：九州出版社，2006.

吕达，刘立德，邹海燕. 杜威教育文集（第五卷）［M］. 北京：人民教育出版社，2005.

马丁，罗伯茨，明茨，等. 美国史［M］. 范道丰，译. 北京：商务印书馆，2012.

梅休，爱德华兹. 杜威学校［M］. 王承绪，赵祥麟，顾岳中，等译. 上海：华东师范大学出版社，1991.

单中惠. 现代教育的探索：杜威与实用主义教育思想［M］. 北京：人民教育出版社，2001.

滕大春. 美国教育史［M］. 北京：人民教育出版社，1994.

涂纪亮. 杜威文选［M］. 北京：社会科学文献出版社，2006.

韦布. 美国教育史：一场伟大的美国实验［M］. 陈露茜，李朝阳，译. 合肥：安徽教育出版社，2010.

杨汉麟，周采. 外国幼儿教育史［M］. 南宁：广西教育出版社，1998.

张斌贤. 社会转型与教育变革：美国进步主义教育运动研究［M］. 长沙：湖南教育出版社，1998.

赵祥麟，王承绪. 杜威教育名篇［M］. 北京：教育科学出版社，2006.

二、英文文献

BEHUNIAK J. Comment and discussion：John Dewey and east-west philosophy [J]. Philosophy East and West，2017，67 (3)：908-916.

CHARLENE T. Beyond "Either-Or" Thinking：John Dewey and confucius on subject matter and the learner [J]. Pedagogy，Culture and Society，2016，24 (1)：55-74.

GHENEA，STEFAN V. John Dewey：pragmatism and realism [J]. Scientific Journal of Humanistic Studies，2015，7 (12)：15-19.

HANSJORG H. The concept of experience by John Dewey revisited：conceiving，feeling and "enliving" [J]. Studies in Philosophy and Education，2013，32 (1)：25-38.

JEROME A P. John Dewey's theory of growth and the ontological view of society [J]. Studies in Philosophy and Education，2015，34 (1)：45-62.

MARCUS V. We，John Dewey's audience of today [J]. Journal of Curriculum Studies，2016，48 (1)：23-35.

MICHAEL K. John Dewey as administrator：the inglorious end of the laboratory school in Chicago [J]. Journal of Curriculum Studies，2015，47 (2)：203-252.

MORDECHAL G. Why should scholars keep coming back to John Dewey? [J]. Educational Philosophy and Theory，2016，48 (10)：1077-1091.

NARAYAN J. John Dewey [M]. Manchester：Manchester University Press，2016.

PHILLIPS D C. John Dewey's the child and the curriculum: a century later [J]. The Elementary School Journal, 1998, 98 (5): 403-414.

STEPHEN F. Form and experience: Williams, Dewey, and the origins of American postmodernism [J]. William Carlos Williams Review, 2015, 32 (1/2): 33-52.

THOMAS F, VICTORIA F. A century of John and Evelyn Dewey's schools of tomorrow: rousseau, recorded knowledge, and race in the philosopher's most problematic text [J]. Educational Studies, 2015, 51 (2): 129-152.

附　　录

《儿童与课程》译文

Dawn Keltz*

理论上的巨大分歧，绝不会凭空产生或随意杜撰。它从对峙双方观点的根源里滋生出来，就是说建立在各自观点上的基础元素，是对立且互不相容的。有观点就有了立场，当双方立场产生矛盾时，问题就已经出现了。解决问题的唯一办法，是放弃自己固有的观点和立场，站在对方的立场去审视对方的观点。如此重塑自己观点的再创造过程，无异于分娩之痛。毕竟，坚持自己的立场，搜集一些证据，在辩论中捍卫自己的观点，要比背弃自己的观点，离开自己已经站稳的立场来得容易些。

于是，许多派别产生了，各种持不同意见的教派出现了。各教派都宣称是根据自己学校的实际情况树立观点，然后将其发展和完善成各自独立的理论。其实那些实际情况只是迎合理论的一些因素，是需要被校正的。

教育体系中的基本元素，无外乎受教育者和教育者。前者是未成熟且有待发展的，后者有着成熟的经验且带着某种对社会目的、意义和价值的认知。教育的过程，是这些元素相互作用的过程。处于教育体系中的个人与他人，充分自由地相互促进，这样一种互动的理念是教育理论的精髓。

但是，值得深思的是，人们很容易把各种因素孤立起来看，很容易透过对方的个性，去认识对方的立场，去衡量对方的付出，去制造对立面，却很难看到各自立场背后真正的观点。人们很容易将

---

* Dawn Keltz，美籍华裔汽车工程师，从事西方宗教文学研究以及中英文语言教学。作品有《圣诞雪》《春节情动》《人在旅途》《爱在葬礼中回归》等。此篇译文仅供读者阅读时参考。

儿童天性中的某种举动或成人成熟意识中的某种理念，作为解决问题的关键。这样一来，一个因互动而产生的、严重的现实问题，变成了不真实的、无法解决的理论问题。如果不是把教育的各种因素作为一个整体来看，我们就只看到种种相互冲突的名词。儿童和课程的问题，个人特质与社会文化的问题，即属于此种情况。以下对教育理论的阐述都建立在解决这种冲突的基础上。

儿童的生活，局限在与他接触的亲人们所营造的小世界里。除非周遭事物深刻而又明显地触及他或者他的亲人、朋友的安适和快乐，否则这些事物就很难进入他的经验里。他的世界，是由周围他喜爱的人们筑成的王国，而不是一个现实和规律的世界。承认外部事实规律不是他的兴趣，接受慈爱和同情才是他的基本需求。儿童进入学校后，呈现在他面前的课程和内容以及外界的信息，会源源不断地进入他的大脑，无限地拓展他生命的空间。在儿童离开他所熟悉的空间后，人们便让他进入无限广阔的天地，甚至变成太阳系的一员。儿童那小脑袋里储存的个人记忆和一点点知识，不断地被整个人类漫长的历史覆盖。

另外，儿童的生命是完整的，是一个部件齐备的整体。他的生命从一个阶段到另一个阶段，从一个领域到另一个领域，迅速而欣然地划过。不知不觉地，没有间隔地流淌，意识因无间断而难以被感知。儿童难有孤独的体验和成败的感受，他的生命承载的个人愿望和社会利益融为一体，周围的人和事占据着他的生活，与他融为一个完整的世界。每个阶段中，他脑子里最重要的人和事，组成他这个阶段的整个世界。这个世界是流动而多变的，充满了变幻无穷又无限新奇的事物。当然，这只是儿童自己的世界，独特而完整的世界。然而，当他进入学校后，分科的学习把他的世界割裂了，肢解了。地理的分支，是从一个特殊的角度分析和总结眼前部分的现象，算术是另一个科目，语法又给予新的视角，如此种种，没有穷尽。

再者，学校里所有的科目都被严格划分了，但划分方法又大都偏离了初始的轨道，以及最初根据基本原则所做的编排。科目划分的原则，不再源于儿童的经历和感受，不再有个人特质的标签。儿童的个人经历，系于他生命中至关重要的情感纽带以及与之相关的活动和行为。成人的头脑却充斥着逻辑和顺序的固有概念，人们很难意识到——或根本意识不到这一点。大量的事实被来自直接经验的现象分离、扭曲和重组。这样得来的结果，变成了“学问”，误作为学习的课本。权威学者认为，作为知识的论点，必须是清晰和经过严格定义的；论据，务必是围绕论点阐述的，自说自话就没有意义。所有散乱的材料，必须重新聚集在一个新的中心，这个中心必须是完全纯理论的和绝对完美的。做到这点，就意味着超凡的智力发展，由此能够公正又客观地看待事物。就是说，不再依赖个人的主观感受和经历。就是说，具备了分析总结的能力。就是说，具备了高度成熟的智力习惯，就像具备了对科学研究设备发指令的能力。总之，已经分类好的各学科是多年来的科学产物，而不再与儿童的经历和感受有关。

儿童和课程之间存在的这种明显偏差和脱节，几乎被无限地扩大。而我们对这一点的认识还存在着巨大的分歧。第一，儿童主观世界的狭隘与客观时空无限广袤的对立；第二，儿童生活的统一性与课程分类划分的冲突；第三，基于逻辑分类和排列原则的纯理论，与情绪支配下的儿童生活的对峙。

从这些基本元素的对峙中滋生出了各教派，各教派之间的鸿沟越来越大。一个教派，倾向于认为学校的注意力应集中在教材的重要内容上，而不是儿童的经验上。还美其名曰：不是说儿童的生活琐碎、狭隘而又粗糙吗？那我们的课程就为他们展示巨大的宇宙空间和无限丰富的内容。不是说儿童自私、任性又以自我为中心吗？

那这些课程就让他们专注宇宙中的真理、律法和秩序。不是说儿童的成长过程充满困惑和犹豫，行为受环境和一时兴致的支配吗？那这些课程就把他们带入一个在永恒的普遍真理上建立起来的真实世界，一个被彻底丈量和定义过的世界。因此，得出的教训就是，认为应该忽略和压制儿童的个人特质、天赋和成长经历。这一切都是我们应该要远离的，是需要被搬走和消除的羁绊。作为教育工作者，我们的任务就是要以稳定和妥当安排的现实代替这些表面性和偶然性的活动，而这些是遍布在当今的书本和课程里的内容。

划分每一个知识领域到学科，每一个学科到课程，每一个课程到既定的事实和公式，让儿童一步一步地学习探索推进，直到他们掌握甚至精通各个分支，最终他们的知识会覆盖整个领域。原本漫长的求索之路，因细分成一系列特殊的小分支而变得容易通过了。因此，重点就放在教材的逻辑分段和顺序上。教学的问题就变成了怎样将课文里的内容按逻辑和顺序提炼出来，然后在课堂上用熟悉易懂的用语分级递增逐步讲授的问题。教材提供目的，同时也决定方法。儿童就这样从嗷嗷待哺到长大成熟，从肤浅稚嫩到蓬勃发展，从经验狭窄到逐步扩大。当他们变得乐于吸收和接受，他们温顺容易教导的时候，职责便完成了。

再看看另一教派的观点。这一教派认为，儿童如主角行走在教育阶段的起点、过程和终点，儿童的健康成长和发展是教育的目的。所有的教学标准都因他们的需求而制定，所有的教材编排都因他们的成长而变化，教材因有助于他们的健康成长才有了价值。儿童的个性和特质远比他们所选的教材重要，知识和信息不是目的，儿童的自我实现和完善才是。拥有全世界的知识而迷失了自我，无异于宗教里可怕的命运。学科和教材的知识不是强制灌输给儿童的，学习是儿童的一种主动行为，是他们的脑力劳动，是他们从里到外的有机的同化作用。我们必须以儿童的立场为起点，他们才是衡量学习的质和量的唯一标准。

唯一有意义的是探讨帮助儿童敞开心扉、吸收和消化知识的方法论。教材是精神食粮，它可能营养丰富，但不会自行消化，自动变成骨头、肌肉和血液。不难发现在学校里，教材本身是无生命的、机械的和富有形式主义的，很容易变成儿童学习生涯的附属品。这样一来，学习变成了令他们厌恶的一种负担。

儿童与课程之间的根本性对立，源于这两个教派教育理念的相悖，由此可以用一系列其他的名词来加以复述。强调课程的一方，用“管教”来夸大教育的过程。大肆宣扬儿童的一方，用“兴趣”来炫耀儿童的个性。前者只顾逻辑的顺序，后者偏靠心理的引导。前者追求老师要具备充分的训练能力和学识，后者则看重老师对儿童的慈爱，以及对儿童的自然领悟能力的认识。前者标榜的是“引导和掌控”，后者炫耀的是“自由思维和主动吸收”。前者维护规律，后者遵从自然。老一辈口中传授的关于怎样在艰难困苦中获得成功，是前者津津乐道的事；创新、求变和拓展却更受后者青睐。指控前者惰性和守旧，指责后者混乱和无政府主义。相对的双方各执一词，互相攻击，前者说后者无视他们被赋予的神圣职责，后者说前者只顾残酷压制儿童来证明自己的正确。

这样的对立矛盾，往往得不出富有逻辑的结果。一切都留给了理论家，最起码的基本常识在朝秦暮楚的妥协迷宫里来回碰撞。理论和现实联系起来的需要，把我们带回到最初的命题：这里我们有着在教育过程中相互作用的一组因素，因为这正是关于相互作用和适应的问题。

那么，问题到底出在哪儿呢？其实只需要摈弃一些偏见，那种认为儿童的个人经历和感受与形式多变的教材和课程编排之间，存在着（不同程度）冲突的偏见。儿童方面的问题，是能否悟出自身的经历和感受——他们的所见所闻所感知的现象和事实，与课堂上系统讲授的知识的来源是吻合的；更为重要的是，悟出自身经历的现象和事实，甚至包含儿童的态度、动机和兴趣，本身就落实在教材的编纂和改编中。所谓课程，就是把知识灌注在儿童的生命里，转换成操纵儿童生活和成长的动力，或者叫作寻找儿童从现在走向未来成熟的阶梯。

放弃认为教材与儿童的成长经历和感受无关，这种事先固有存在的想法吧。不要再认为儿童的成长经历短暂而难以捉摸。他们悠然到来，自然萌发，宝贵无比。简言之，儿童与课程就是一个单一过程的两极，就像一条直线上的两点。从儿童此刻的现实状况出发，制定讲授知识和真理的方法，它是一种连续不断的再创造过程。从儿童的经验水平出发，把他们带入有组织体系的真理王国，这就是我们讲的讲授。

从表面上看，各门学科如算术、地理、语言、植物学等自成一体，但实际上它们互相影响，比肩发展，其过程蕴含和记载着一代又一代人的努力、奋斗和成功而积累起来的结果。这个结果以有组织的和系统化的方式呈现出来，而不仅仅是一堆收集的杂乱无章而又各不相干的经验。

这样一来，进入儿童的现有经验里的事实和真理，与包含在各门学科里的事实和真理，是一个现实的起点和终点。两教派之争，是对一个生命从幼年到成年的成长过程作残酷的争斗，就像是要限制一个生命从起点到终点的轨道，因此相互撕扯，违背早已注定的命运和结果，固执于无谓儿童教育的战争。

如果是在这样的情况下，那么儿童与课程的争论就会发展到更加模糊不清的状况：从教育的角度发问，从起点就能看到终点的意义在哪里？能帮助我们操控儿童的幼年早期教育，由此来预测他们后期进入的生活舞台吗？就像我们认同的，各门学科代表着儿童从直接经验里，从内心得到开拓和发展的可能性。然而，它们毕竟不是现在的和直接的生活的部分，那又为什么或怎样重视它们呢？

这样的问题显然是明知故问的。看清目前的经验是否正常地走在正确的轨道上，就可以看到未来的结果。遥远的梦境本来没有什么意义，但把它作为行动的方向时，就变得非常重要了。踏上征程了，并不意味着你可以遥控和知晓未来，但可由此找到最好的方法来走好眼前的道路。换句话说，成人系统而全面的思维能力和生活经验是非常宝贵的，能让儿童看清眼前的生活，并引导儿童走在正确的轨道上。

让我们再来看看这两个重要的概念："解释"和"引导"。儿童以现在的经验是不能自己为自己做解释的。因为不是终点，还只是过程，只是一定成长过程中的一些亮点和标记。如果我们限制和约束儿童的自由发展，就困扰和误导了他们。那些难以解读、极端困扰的儿童，要么表现出极高的道德感和理性，要么表现出极端的情绪化和理想主义，这都是被一种错误的思想支配着。这两种表现都因为成长和走向目标的过程中受到了挫折和经历过变故。第一种是看不到承诺里包含着感情和行为，他们永远不会妥协，只会排斥。第二种是看不到即使是最愉快、美好的展览（除了记忆的标记），也会有被糟蹋和损坏的一天。

我们需要的是一种慧眼识英雄的能力，帮助我们抓住儿童当前行为的要素，进行解释和评估。挑拣出儿童行为里积极的、有利于未来发展的强项，远离消极负面的弱点，在儿童此刻闪现的亮点上，看到儿童光辉灿烂的未来。只有这样才能分辨儿童之间的区别，把他们带入具有真正远大目标的进程，找到属于他们自己的位置。如果我们遏制儿童的愿望、目的和行为，无视他们各自所处的环境和他们依附的群体的行为，那我们是强制把所有的儿童都放在同一个平台上，一切都是同样的好或同样的坏，这可能吗？向上发展的生命，因各自的特点而站在不同的平面上，呈现不同的价值指数。当儿童的行为呈现退步的迹象时，就好像一个完成了任务、已经变得不是很重要的器官，勉强存活的时候，就必须给予它足够的积极的关注，进而阻止后退的脚步，这样才能系统地延续整体水平提高的进程。另外一些儿童，在各种活动中，显示出冲到最高点的能力和兴趣，这时，就应该趁热打铁，带领他们朝着最后冲刺的目标，大踏步迈进。如果不抓住最好时机，就永远错过了。务必对这些幼苗精挑细选、合理调配和浇灌，因为这完全可能是他们成长为参天大树、成就终生事业的转折点。机会一旦错过，将永不再来。这时的行为和感受是对未来的一种预示，像一道闪电，照亮长久的未来。虽然目前做不了未来的事，却抓住了机会，为未来指明了既定的方向。

总之，陈旧的教育体系，使未成熟的儿童和成熟的大人之间，存在着令人不愉快的巨大反差，这正是我们要尽快完全摈弃的东西。要把儿童显示出来的个性优势，作为有意义的目标来加以发展，这看似很冒险，而事实上，如果方向对了，儿童的学识增长和进步就是显而易见的，甚至每一天每一个小时你都能看见他们的进步。

如果形成一种观念，认为一定年龄的儿童，必须具有一定的能力和达到一定的程度，那对儿童是有害的。愿望是一回事，事实又是一回事。有了目标，就可能有朝着目标奋斗的行为。一定年龄的一定行为，并不能代表那个年龄的儿童应有的行为标准。如果完全顺其而为，又会导致放任和纵容。儿童或成年人，都会滥用和沉迷于无偿给予的权利。事实上就是有利可图了，有权可利用了。在平稳的路途上有激动人心的事出现，必然产生刺激。然后离开奔向成功的既定轨道，享受权利，沉迷于无益的事情。不断变换目标和理想，不断重新开始，永不从一而终，永远都说是试验，这些都没有两样。就像儿童永远都在尝，却没有真正在吃，永远在看着一盘佳肴兴奋，却不愿意去咀嚼和消化，进而使身体器官得益，从而转化为有用的能量。

与之相反，科学、历史和艺术的分科，却能挖掘出儿童的潜力，把儿童真正的能力呈现在我们面前。我们并不能预先知道儿童的秉性和行为，直到我们把他视为一颗种子来播种，让其发芽、生长和结果。我们能看到的整个世界，都不足以应答儿童的天性所折射出来的光芒和形状。儿童受自然界事物变化现象的吸引而提出的简单问题，用整个物理学来回答，都嫌不够。拉斐尔和柯罗的艺术，也不够用来衡量儿童在绘画和涂鸦中显示出来的冲动的价值。

关于应用教材解释这方面的问题就说这么多。把教材进一步应用到引导或指导方面，只是同样的思想的延伸。解释一种现象，就是认识清楚事物发展的本质，看到因此而得到的成长。如果能把眼前看到的儿童的行为，归于成长过程中的自然现象，那就有了继续引导他们的正确基础。正确的引导，对儿童而言，不该是一种外部压力，而是让生命自然流淌和得到充分满足的过程。我们换一种方式来阐述前面提到的观点，无视儿童目前的感受，认为他们没有思想、远离成熟，或认为他们喜怒无常、异想天开，都是因为只看到事情的一面。结果要么是强迫约束他们的言行，要么是完全放任不管，这都属于没有看到事情的两面，没有看到事物的发展有其特定的规律。只有顺从规律和普遍条件都具备时，才能水到渠成。要想真正了解和利用儿童眼前表现出来的，在计算、测量和排列组合方面的原始冲动，必须具备高深的数学知识——比如数学公式和与之关联的所有数学学问，这种在教育历史中从同样的原始冲动发展而来的数学系统。纵观整个教育的发展史，都是在儿童的原始冲动和数学公式之间，找到儿童此时此刻该走的路，教导儿童怎样利用他们的天赋和冲动，因道路清晰而得到力量。

再讲一遍，如果说陈旧的教育体系无视发展过程的质量，忽略儿童时刻爆发出来的内在动力，认为引导和掌控是唯一重要的，只顾把儿童放在被视为正确的方向和轨道上，然后强迫他们艰难跋涉，那么“新式”的教育体系再次陷入危险，将拓展思想推入死板和空洞。儿童被希望“培养”成这样或那样，却不是他们自己想成为的那样。儿童被迫这样思考，那样努力，却没有被提供与之相配的环境和条件，去帮助他们思考。没有土壤，从哪里生长发芽；没有源头，谈何源远流长！原始的冲动和天赋，是奔跑的起点，所以我们引导儿童回头看他们已经展露的天赋，在这个基础上，看到自己的能力和应该走的路。要想儿童从他自己那个小脑袋里展望整个宇宙，无疑和要哲学家看到宇宙一样，一样没有效果。成长并不意味着不断从脑海里挖出东西来，成长是从一段历程走向儿童自己想要的另一段历程。作为中介辅助力量的教育者，无法凭空制造动力，也无法选择兴趣，他们必须要提供教材和设施，创造激励斗志的环境，鼓励儿童自己动手操练。方向的选择取决于儿童在周围环境中产生的直觉和冲动，是否受到心驰神往的激励，变成想要的下一段人生经历。下一段人生的愿望是什么样的，就需要什么样的激励，这个愿望必须是教育者和受教育者双方共同理解和向往的，否则无法确定其方向。换句话说，成人的知识应该能够引导儿童的愿望，指向未来职业的大门。

也许有必要将逻辑的和心理化的经验区别并联系起来，前者代表教材，后者代表教材和儿童的关系。从心理化的角度讲，成长过程的心理化来自成长的实际感受，是成长的历史，是脚步的记录，是彷徨和煎熬，也是效果和成就。与之相对，逻辑的陈述，则是设想特定成长过程中应该取得的积极的成就，它无视过程而只看结果，它把成果和从最初努力到现在的过程脱离开来。逻辑和心理化的区别，就是探险家的一些笔记和一张地图的区别。一个探险家进入一个新的领域，在他走过的道路附近记一些笔记，发现最佳的路线，然后在探险结束后绘制地图。两者的经验互相依存。如果没有探险家大大小小的失误和走过的弯路，最后也绘制不成完整的地图。但如果没有人去比较和研究各个探险家的探索结果，各自的工作也就不会有意义。新的地理现象被认识，河流被渡过，山峦被攀登，等等，不是某一个人的旅途认知，而是无数跋涉者相似经历的重合与联系。地图聚集了个人的探索经验和与之相关的其他探索者的经验，而不考虑当时具体位置的特殊事件和环境。

经验总结出来的公式和概念有什么作用？地图有什么作用？

我们先来看看地图代表不了的是什么。地图既不能替代个人经历，也不能启动一段实际的旅行。科学研究中的逻辑公式和资料，代替不了个人具有的经验。自由落体运动的定律，参与不了一个人亲自体会落体的瞬间经验。但是一幅地图，一张集前人的经验，经过总结、归纳和排序的图画，却能给未来的经验做出引导，指明方向，使事情变得容易掌控，避免了无意义的彷徨，方便找到路径并快捷明确地走向希望的目的地。通过地图，每一个新的旅行者可以避免浪费精力和时间，避免在他们自己的探索中犯前人所犯的错误。地图，无论是作为旅途的助手还是记录，都是有用的。科学研究把前人的经验规范和标准化后，更好地为后人所用。它代表着一种资本立即转化成利益。它在各方面简化脑力劳动，也减轻了记录的负担，碎片被汇集成公认的定律，而不是最初探索者收集的零星的随机事件记录。我们知道了未来要寻找的是什么，到哪里去寻找。这是在草堆里寻找针线和在整理到位的文件柜里找一份文件的区别。因为方向定了，目的清楚了，线路规划好了，而不是盲目地从一个偶然的联想到另一个偶然的联想。

而且，前人的铺垫不是最后的结果。如果不用就没有价值，它的意义是给出观点、立场和方法。它连接着过去的随意、不确定和迂回的道路，以及未来有目的有序的探索经历。把前人的探索最大限度地变成有意义和丰富的经验，提供给后人，它引进的抽象、概括和分类等概念，都为未来提供无限广阔的前景。

对经验加以系统化的结果并不是与生长过程相对立的，逻辑是不会和心理化作对的。经过全面调查和分类排列的结论，在生长过程中起着不可或缺的作用。这种结论，也是转折点的标志，它显示我们怎样从过去的经验中获得好处。从宏观意义上说，逻辑本身就具有一种心理化的意义，其意义还在于让过去的经验发展到一个可观的高度，而对过去的审度和修订，是未来成功的保证。

所以，就需要把各门学科的教材或知识恢复到原来的经验。被忽略的经验教训，必须要重新拾回，需要心理上的认知、颠覆，回到最初探索的原始意义上去。

每门学科都有两种价值取向，科学家选取它科学的含量，教育家选取它教育的意义。两种取向没有互相冲突的成分，对他们而言都不是直接的经验。对科学家来讲，就是被给予的研究对象，他们被雇佣来发现问题，研究问题，并在这个科研过程中得出结果。对他们来讲，科学的本质原本就是存在的。各门学科相互作用，相互关联，作为科学家，他们不能在事实的外围徘徊，否则只能得到一些基本事实。教师的问题又在另一个方面，人们并不指望教师在他们教授的课程里添枝加叶，不用主观臆断或辩论真伪。他们的任务是代表科学家，把研究的结果呈现在课堂上，讲授、拓展教育的理论。他们关心的是个人的感受和经历，所以对教育者来讲，他们关心怎样把内容变成最好的学习经历，关心以儿童的现状能否接受这样的知识，怎样最好地利用教材以及怎样更好地传授知识给儿童，引导儿童按照正常的顺序和方向循序渐进，逐步成长。教师不仅要传授教材本身，还要关心教材带出的一系列内容，这也是一个心理化的问题。

固执地认为科目是造成我们前面提到的儿童与教材的冲突，这是一种错误。科目本身，正如之于科学家的意义，与学生当前的学习感受是没有直接关系的，它只是一种外部的材料。这不仅是理论上的危险，事实上我们好像四面楚歌，课本和老师都以专家的面孔在学生面前互相竞争。教材的改变和修订过程，实际上降低了科技含量，无形中走向更加低下的水准。教材没有被转化成生活的名词，而是直接以替代物或外来物出现在儿童的生活里。

三大典型的弊病因此产生。首先，教材与儿童的所见所闻、所感知和所热爱的事物之间，缺乏基本的纽带，因而变成纯粹的公式和符号。公式和符号本身是没有多大价值的。有用的公式与符号，是发现和掌握真理的方式。它们是一种工具，把真理更确定地推进未被探索的领域。它们的意义，在于承载和记录过去成功探索的结果。这些符号必须是有用的代表——一种探索结果中，大量内容的简洁表示。一个符号，如果不是来源于实际的探索和总结，正如我们所说的，就是一个虚拟无用的符号而已，是贫乏而无生命的。就是说，不管是算术、地理还是语法，如果不是从过去的经验而来，如果不是从儿童的需要出发而被正确利用，那就变成了强制灌输。如果满足一定条件的话，那么它不是现实的东西，而只是可能被经验的现实的符号。但是，如果把别人认知的事实唐突地呈现在儿童眼前，要他们认知和学习，那也不过就是抛弃那“一定条件”。真正的事实反而变成了符号，如果没有好的“钥匙”，对儿童就没有启迪。没有找到开启智慧的关键，知识就不过是犹如对偶像的一时好奇，变成一种沉重的包袱。

这种盲目灌输带来的第二个弊病，就是没有学习的动力。儿童不仅对要学习的事物感到完全陌生，没有先前的经验，也没有热情、需要和要求。当教材已经心理化的时候，我们就掌握了问题的关键，并且自然把它变成儿童目前的倾向和活动的一部分，儿童就很容易正确地掌握。那些横生的阻碍，那些貌似智慧的争论，那些要求实际的呼声，那些伦理道德的说教，就都没有了市场。学习是需要动力的，最终儿童会自动把自己带入成功的意义里。如果教材永远以一成不变的固定形式出现，显然就和儿童的需要及目的脱节了。我们所说的那些机械死板的教材，就是内容和需要脱节的表现。所谓有机的和生动的意思就是它们的相互作用，就是指精神的需求和材料的供应之间的联系。

第三个弊病是：即使是科技含量极高的，用最完美的逻辑编纂的教材，如果以机械、无生命的固定形式来传授，到达儿童那里时，也已经失去了这些优点。教材需要做一番修正，以去掉一些艰难晦涩的语句，以便于儿童接受。结果怎么样了呢？去掉的内容恰好是科学家原始成果中最重要的内容以及在实际探究和分类的逻辑性中最有价值的东西。真正能够刺激思维的论据被封闭了，组织的功能也失去了。或者说，儿童学习的热情和教师抽象概括的能力，没有得到应有的发展。所以教材实际上已经失去了真正逻辑上的意义，而是用表面的逻辑安排成讲述容易记忆的形式。这就是矛盾所在：儿童得到的，既不是成人的逻辑的系统阐述，也不是他们自己理解和反应的能力。因此，儿童自己的逻辑思维能力反而被阻碍和抑制了。如果儿童不盲目吸收一些伪科学的、平庸的垃圾思想——一两个世纪以前的科学成果的残余，我们就算是幸运的了。那不过是多年前，一些由个人经验总结出来的模糊的公式。

一系列的弊病并没有到此停止。持有错误观点的双方，各持己见，针锋相对，争论不休也是很常见的事情。心理上的因素也许会被忽略，但它们不会被排挤出去，即使出去了也会从窗口爬回来。一来二回，动机引发了，心理化和教材连接了，而且连得天衣无缝。唯一的问题是，这样的联系是从教材本身与心理化的关系中产生出来的，还是外来的动力让它们连接。如果教材的内容以开启儿童的智慧、扩展儿童的思维为目的，内容是在儿童的过去、儿童的思想和儿童的逆境中滋生出来的，那么它就会直接被应用到走向学业成功和强化感受能力中去，就不需要多余的策略和技巧来给予儿童动力和兴趣。心理化的教材是从生活经验中找到的，它直接就是生活价值的一部分。但那些外部强加的材料，是根据儿童的观点和态度来设计和杜撰的，是外加给儿童的动力，不是从儿童心里滋生的，而是借助外部的力量把它推入，像钻头一样钻入，或借助诱惑物诱入。

依赖外部的方法给予教材某些心理化的意义，有三个方面应该在这里提一下。熟悉的事物容易被忽视，但也因熟悉而容易产生感情。我们习惯戴着项链，去掉了还会感到若有所失，这是一个古老的故事。习惯成自然，无论最初有多丑恶，多令人厌恶，多没有意义，但经过长期的使用和灌输，最后就会被习惯和接受。兴趣是完全可以被激起的，如果有规律地、机械地重复做一件事，而且环境连续提供某一种方式而排除其他方式。我经常听说，无谓的练习和无意义的表扬，都是因为“孩子对它有兴趣”。是的，这正是最糟糕的事。从心理上拒绝有价值的革新，失掉机会去尝试本来可以胜任的新的实践，当然就只能停留在低级的水平上，回到原有的课程中去学那点残留的内容，在狭隘而封闭的学习经历中建立兴趣。从不断练习的结果中图满足，这是一种自然的心理现象。一项宏大而有意义的革新工程被拒绝，只愿停留在训练已久的正规活动中，在残留的些许内容中寻找满足——这是经常发生的事情。然而海量而紧凑安排的学校活动，不但不能满足他们自己，还不可避免地让学校丧失原则。学生违背了最原始的、与其生命息息相关的、真正属于他们的未来的经验，去试图理解和记忆那些正规的和凭记忆再生的公式和符号。因为课程的内容编排完全脱离了学生最初的兴趣，只剩下一些替代的主题和与之相关的固有概念，这是必须加以发现和仔细研究的。

取代生活中自然激发的学习动力的第二种方式，是课程中激起的相互对照。课程的内容变得有趣，即使不是教材本身的魅力，也至少比另一种可能的经验更吸引人。听话认真地学课文，至少不至于被嘲笑，被辱骂，被留校，被给予可耻的低分，或不能被提升。许多以训练为名而被采用的方式，以及打着努力和责任的旗号并引以为傲的方式，是对真正的兴趣不闻不问，实际上不过是对体育、社交和个人痛苦感到恐惧。真正该有的内容根本没有在课本中出现，也出现不了，因为课本的内容已经违背初衷，也缺乏成长经验的反馈。所以真正出现的是无数外部的和儿童不相关的东西。

无论如何，从人的天性角度来说，顺利认可之事，乐而为之；不认可之事，避之不及。人性关注的是直接的快乐而不是痛苦，所以现代理论对“兴趣”的定义和实践完全走入了误区。迄今为止，对外来教材的选择和编排，仍然为我们所忧虑。教材仍然关注算术、地理和语法等多种科目，而没有顾及儿童经验和感受的指向，记忆的痛苦、厌学的感受和注意力的飘散便蜂拥而至，接着便是别的行为和形象分散他们的注意力。合理的出路，仍然是将教材内容心理化——再重复一遍，就是将教材的内容生活化，使之与儿童的生活经验接轨，不超出他们的生活范畴。不过似乎维持教材不变，想方设法激起儿童对它的兴趣，会更为容易。用甜美掩饰乏味，用碎片和无关的材料掩盖空洞而缺乏生机的事实，然后，让儿童尝试消化这些貌似可口的食物，从而错过他们真正感兴趣的东西。悲哀的是，精神同化是意识问题，灌输的东西如果没有内心的体验和理解，对儿童的未来不会有任何帮助。

到此，关于儿童与课程的这个争论怎么样了呢？最后的结论是什么？开始的时候，激进的谬误为我们自设的圈套，让我们举步维艰，似乎不得不做出选择：是让孩子顺着他们的天性自由发展，还是牵着他们的鼻子往我们设定的方向发展。我们的行为对这个问题作了回答、改编和修正。似乎不可能有轻松的自由活动——因为所有的活动都需要设施和条件，都被设定在某种场合，都被冠以某种意义作为理由。真理无法从外界强制输入儿童的大脑，因为预先没有空间来接纳外界事物的插入。他们的大脑必须在活动中，并对周围呈现的事物做出反应。因此，充斥在当今课程里的那些丰富而宝贵的知识，其价值就只在于帮助教师为儿童创造有利的活动环境，间接为儿童指明通向未来的方向。如此这般才是我们应该具备的能力，才是我们想要的成就。真实、美丽和举止文雅，才是我们想要给儿童的启迪。看看现在，日复一日，儿童在规定的条件里，在属于他们的活动中，顺着成人的意愿攀登生命的高峰。让儿童的本性追随自己的命运吧，就像任何科学、艺术和工业所显示出来的，世界终究顺其自然地发展和存在。

总之，儿童是主角，年龄赋予他们特权，个体的天赋需要被操练，对未来的倾向需要被认知。教师充满智慧，知识深刻全面，讲授技巧炉火纯青，却不仅无法深谙儿童的特权、个体的天赋及其对未来的倾向，更不知道怎样去维护其特权，去操练其天赋和去认知其倾向。

后　记

《儿童与课程》是杜威名篇。大三时，我第一次阅读它，深受其影响，以致在很长一段时间，《儿童与课程》中论述的课程观就是我心目中的课程愿景。现在想来，当时只是大致了解《儿童与课程》的基本内容，而对杜威的哲学，尤其是教育哲学，及其教育思想体系则并不精通，所以那时我对《儿童与课程》的理解，实际上是一知半解、浅尝辄止的。

在硕士、博士阶段，我又数次阅读《儿童与课程》。尤其是在博士阶段，我在详细阅读杜威多部哲学、教育学著作的基础上，再看《儿童与课程》，对它的思想背景、哲学基础及它在杜威教育思想体系中的位置等皆有更深刻的体会。而我也由最初认为它字字珠玑到对它心存敬意，在此过程中，我尝试进行理性的分析和辩证的扬弃。

2016 年 11 月，福建人民出版社编辑谢云英联系我，说她查阅过我发表的有关杜威课程哲学方面的论文，便有意约我为杜威名篇《儿童与课程》做学术上的解读。这正是一个整理、总结我对这一课程哲学名篇的理解和体会的大好机会。

这本书便记录了我对杜威《儿童与课程》的解析与思考。尽管我努力尝试准确而深入地解读这一名篇，理性地评论其中的思想观点，但书中的不妥之处一定在所难免，恳请大方之家予以教正。

拙著得以出版，有赖福建人民出版社谢云英老师的信任和邀约。在此，感谢谢云英老师，感谢福建人民出版社的相关领导。

今年恰好是《儿童与课程》（1902年初版）出版面世115周年。谨以此书致敬经典，致敬大师。

蒋雅俊

2017年12月于华东师范大学